본격 한중일 세계사

19 1904 러일전쟁

초판 1쇄 인쇄 2024년 11월 26일
초판 1쇄 발행 2024년 12월 4일

지은이 굽시니스트
펴낸이 최순영

출판2 본부장 박태근
지식교양 팀장 송두나
디자인 조은덕

펴낸곳 ㈜위즈덤하우스   **출판등록** 2000년 5월 23일 제13-1071호
주소 서울특별시 마포구 양화로 19 합정오피스빌딩 17층
전화 02) 2179-5600   **홈페이지** www.wisdomhouse.co.kr

ⓒ 굽시니스트, 2024

ISBN 979-11-7171-333-2 04900
       979-11-6220-324-8 (세트)

본격 한중일 세계사

19
1904
러일전쟁

굽시니스트 글·그림

위즈덤하우스

머리말

이 500쪽짜리 육중한 무게의 만화책을 힘겹게 들고 첫 장을 넘기신 독자 여러분께 양해의 말씀 올립니다. 이번 권의 분량은 이제까지의 《본격 한중일 세계사》 시리즈 중 가장 두꺼웠던 3권(460쪽)을 훌쩍 뛰어넘고, 가장 얇았던 7권(280쪽)의 두 배에 가깝습니다. 이렇게나 두꺼워진 이유는 시리즈를 20권으로 완결하기 위해서입니다. 마지막으로 남은 1910년까지의 이야기를 모두 담아내려면, 이어지는 20권도 이번 권만큼이나 두꺼운 책이 되지 않을까 싶습니다. (결국 이는 분량 예측과 조절에 실패한 결과라 할 수 있겠습니다.) 혹자는 21권으로 완결하면 되지 않겠냐는 의견을 내기도 했지만, 전통적으로 역사 학습 만화 시리즈는 20권 완결이 '국룰'입니다. 그 전통을 깬다면 이 시리즈는 무근본으로 낙인찍혀 명예의 전당에 들 수 없을 것입니다. 아무튼 이런 시시콜콜한 머리말로 500쪽짜리 책의 중량을 더 늘릴 필요는 없겠지요.

2020년대 중반이라는 묵직한 현재를 짊어지고 살아가는 사람들에게 이 무거운 책을, 무거운 역사를 권하는 일은 역시 마음 무거운 일입니다만…. 이런 중량 운동을 통해 역사와 세상을 대하는 근육을 단련해놓는 것도 그 나름의 의미가 있겠습니다. 언젠가 천하의 묵직한 파편을 들어 올려 밑에 뭐가 깔려 있는지 알아봐야 할 일이 생긴다면, 미리 근육을 키워놓은 보람을 느끼지 않을까요? ㅎ

개인적으로는 2주 전에 태어난 우리 딸내미가 이 책을 손에 들 만큼 자란 무렵에는 세상이 지금보다는 좀 덜 무겁기를 바라고 있습니다. 그리하여 지금 우리가 조금 더 노력해 들어 올린 무게만큼 다음 세상의 세계사 책은 가뿐하기를 희망할 따름입니다.

2024년 12월

굽시니스트

차례

제 1 장

DEUS VULT

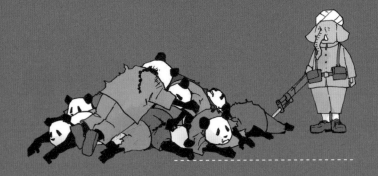

공사관 구역 해방 이틀 후인 8월 16일,
베이징 서십고 성당― 일명 북당 해방.

이 성당에서 프랑스―이태리군 43명을 포함한
서양인 80여 명, 중국 천주교인 3천여 명이
소리·소문 없이 버티고 있었던 것.

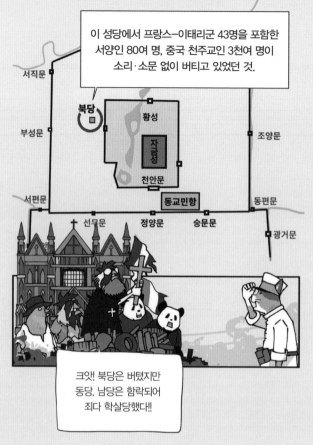

서직문

북당

황성

자금성

부성문

천안문

조양문

서편문

동교민항

동편문

† 선무문   정양문   숭문문

광거문

크앗! 북당은 버텼지만
동당, 남당은 함락되어
죄다 학살당했다!!

그렇게 의화단 난리로 총 200여 명의
서양 선교사와 가족, 민간인들이 살해당했고.

중국 기독교인은
약 3만 2천여 명이
살해된 것으로 추정.

이 피해에 대해 저 이교도들— 의화단을 지지한 중국인들이 대가를 치르는 것은 당연한 일!!

아니, 기독교인들은 오른쪽 뺨을 맞으면…

상대 왼쪽 뺨을 찢어.

저 마을이 의화단 소굴이었죠. ㅇㅇ

크르릉

살아남은 기독교인들은 서양 군대의 앞잡이가 되어 베이징 곳곳에 죽음의 손가락질을 날린다.

아니, 저;; 의화단은 싹 다 흩어져 사라졌는데요.;;

DEUS VULT!!

그렇게 베이징을 시작으로 보복 학살이 진행되고.

서양인 목숨 1명당 참깨 100명이다!!

…인종적 광분 앞에서 이미 의화단 색출이 중요한 게 아니게 되었죠.

이후 베이징 외곽으로 점령 범위가 확대되며
숲 주민이 몰살되는 마을들이 늘어갔고.

대규모 강간과 살해가
자행되었는데, 늦게 도착한
독일 원정대가 제일 심했다고;;

이때 일본군은
베이징 귀족과 부호들의
금고를 털어
다량의 은괴 상자들을
실어 날랐고.

이게 나중에 야마가타 라인의
비자금으로 전용,
스캔들이 되기도 하죠.

그렇게 열강 군대의 보복 학살로,
점령 숲 과정을 통해 약 10만 명에 달하는
희생자가 나왔다고 추정된다.

10만 명이면, 살해된 서양인
1명당 500명꼴이잖아;;

어떻게든 학살을 피해보려고 일장기, 독일 국기 등과 함께 '순종적 양민'이라는 글귀를 문가에 내걸었지요.

영어나 독어는 모르겠고, 일본놈들은 그래도 한자를 알아보겠거니…

흠, 털어갈 게 많은 집인가 보군요.

다행히도 자금성은 어떻게 협상을 잘해서 약탈을 피할 수 있었지요;;

다 같은 문명국 아닙니까;; ㅎ

대신 자금성 태화전 조정에서 연합군의 세리머니를 허용해야 했다.

여기가 영화 〈마지막 황제〉 명장면 배경이구먼.

Meanwhile,
베이징을 빠져나와
시안으로 향하던
서태후 일행은―

베이징 서쪽에서
대기하던 마옥곤軍이
서태후 일행을 호종.

아니, 저기, 마마;;
항상 마마 뜻대로
따랐을 뿐인데;;

…
저 섀퀴는 일단
치워놔라.

이제 사태를 수습하기 위해
양놈들과 말이 통하는
남쪽 인물들을 내세워야겠다.

아, 그 동남 10개 성
총독들은 자기들끼리
청조 망할 경우의 수까지
계산했다고 하던데요;

이홍장을
대통령으로
추대한다든가…

그놈들은
베이징이 털리는 와중에도
양놈들이랑 짝짜꿍하던
놈들인데 말이죠;;

…동남 10개 성 총독들이
조정의 명을 씹고 독자적으로
양놈들과 협정을 맺었는데도,

어떠한 징계도 내리지
않았던 것은 이런 경우의
보험이었던 것.

이미 7월에 이홍장을
북양대신으로 임명했으니,

바로 베이징으로 올라와
양놈들과 협상에 임하게 하라.

사직의 명운을
걸어봅시다…

일본의 손문 일당—
흥중회도 청조 멸망을
틈타려 하고 있고.

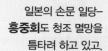

요~시~!!!
혁명 하지마루요!!

저, 저거 일빠
다 됐네…

캐나다로 싱가포르로
돌아다니고 있는 강유위 일당—
보황회도 흥분하고 있고.

이걸로 서태후 정권은 끝났다!!
귀국해 황제를 구출하고
입헌군주국을 건설한다!!

뭣보다 당장 여기 광저우에서
휘하 막료가 날뛰고 있다.

베이징

상하이

광저우

각하! 이제 이곳 광동—광서
양광정권을 수립할
때가 되었습니다!!

이홍장 휘하 막료—
광저우 유지
류학순

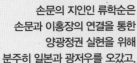

손문의 지인인 류학순은
손문과 이홍장의 연결을 통한
양광정권 실현을 위해
분주히 일본과 광저우를 오갔고.

이홍장 각하께서
손선생에게 내리시는
정치자금이오.

손문이 각하께 바치는
자작시입니다요.

영국의 지원으로 양광정권이
실현된다면, 이 지역은 확실한
친영 세력권이 될 것입니다.

홍콩 총독까지 포섭.

그 공은 오로지
총독 각하 차지가
되겠지요~

홍콩 총독 블레이크

올크

곧 폐허가 될 베이징에
뭐 하러 올라가신답니까.

이에 7월 중순,
이홍장과 블레이크가
협의를 이어갔고.

양광정권 독립 선포하시면
영국이 바로 승인 때리고
지원해드리리다.

이야~
이거 천명각
날카롭다~!

…사탄아
물러가라.

양광을 발판으로
천하 통일해서
폐하 소리 한번
들어보셔야지~!

난세 라이프 50년 짬이외다.
저딴 허황된 떡밥에 낚이지
않을 정도의 감은 쌓았소…

과연 런던에서
곧 홍콩 총독에게
지시가 내려오고.

워워, 이상한 짓하지 말고,
이홍장은 베이징으로 곱게
올려보내도록 하시오.

아…; 옙;;

ㅎ; 양광정권 어쩌고는 사실
그냥 브레인스토밍 과정에서
나온 아무 말이니 딱히 마음에
두지 마십시오~;;

. . . . .

베이징까지 올라가시는 데
영국 측에서 함선과 인원 등
모든 편의를 제공하겠습니다.

…라는 말인즉슨,
영국은 **청조 존속**을
택했단 말이렸다.

그렇다면, 일단 상하이에서
난리 치고 있는 놈들부터
정리해야겠구먼…

상하이에서는—

손문의 **흥중회** & 강유위의 **보황회**

최초의 양당합작!!
입헌 의회 ㄱㄱ!!!

제 2 장

상하이 의회

해외 반정부 망명객들의 양대 세력은—

강유위의 변법당 세력이 이끄는
보황회

광서제 폐하 구출!
입헌군주제 실현!
유교충군 이념!

근본 없는 공화파
역적놈의 새퀴들!

손문의 혁명당 세력이 이끄는
흥중회

공화국 건설!
멸만흥한 혁명!

만주족 써킹
유교 꼰대 선비들
OUT!!

우리 충신 지사들이
황제 폐하를 구출해
청조의 부흥을
이끌겠습니다!

일단 해외 화교 사회에서는
충의지사 강유위의
근왕론이 더 인기를 끌었고.

충효와
의리!!

강유위가
해외 각지를 돌며
수십만 달러를
모금하는 동안,

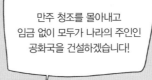

만주 청조를 몰아내고
임금 없이 모두가 나라의 주인인
공화국을 건설하겠습니다!

손문의 공화 혁명론은
딱히 큰 호응을 얻지 못함.

양놈 코스프레
역적질 같아요.

미국 모금 여행에서
얻은 돈이 수백 달러에
불과했다고…

의화화화화~

그러다가 1900년 의화단 정국 진입.

청조가 자살하려고
하고 있다?!?

호재인가?!

화재네요.

이 천시 타이밍을 어찌 놓칠쏘냐!
변법당과 혁명당이 힘을 합쳐 기의!
의회를 만들고 신군 병력으로 거병합시다!

상하이에서
변법당원 **당재상**이
자립회를 조직하고
거사를 기획.

이를 위해 강유위와 손문 사이를 여러 사람이 오가며 중재하고.

그렇게 1900년 7월, 상하이에서
변법당과 혁명당 간 변혁합작 성립.

1900년 7월 26일, 상하이 영국 조계에서
중국의회 개회!

100여 명의 명사가 의원으로 참여.

의장에는 최초의 중국인
예일대 졸업생, 외교관 **용굉**.
(7권 참조)

부의장에는
서양학자 **엄복**.

(권리, 문학, 민주, 국회,
화학, 전기, 공기 등의
번역어 창시자)

자립회의 군대–
자립군!

양강 신군의
일본 유학파 장교들도
참여해 거병을 준비한다.

**안휘성 다퉁 전군장
오록정**

8월 9일에 계획대로 거병이죠!

근데 자금이 제때 와야
병사들 월급, 군량, 탄약을
확보할 수 있을 건데요.

·····

거사 자금은 싱가포르의
강유위가 20만 달러를
송금하기로 약조되어 있었다.

이런 움직임에 대해
상하이를 관할하는
양강총독 장지동은
일단 관망세.

음…
질러버렸구먼…

일단 장지동 본인부터가
무술변법 때부터 변법당의
배후 흑막 비스므리한 위치로
여겨지고 있었고.

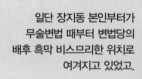

그래서 저 의회에
참여한 인원 다수가
이쪽 라인이기도 하지…

당재상도 학맥상
내 문하고…

그래서 어찌어찌 이번
의화단 사태로 청조가 망한다면…
쟤네가 新국가 주도 세력이 되고,
장 총독은 그 대부로 추앙받는다는
그림이라도 그려보시는 모양이군요?

베이징으로 올라가던
이홍장이 이때 계속
상하이에 체류 中.

아, 진짜, 그딴 망상 안 해요!
그냥 의화단 사태로 정국이
깜깜하니, 이런저런 시도들을
일단 지켜보자는 거죠.

일단, 이번 사태로 청조가
망할 일 없다는 것부터
확실히 하고 갑시다.

뎃?

청조 멸망 ㄱㄱ!
그리고 임자 없어진 만주땅은
러시아가 맡겠습니다!

러시아가 지금 만주를 호로록 하려는 판에
영국이 청조를 멸망시키고
대륙을 통제 불가능 혼파망으로
내던질 리가 있겠소이까?

뭔 개소리야!
청조 안 망한다!!
멀쩡하게 살아 있는 남의
나라 땅 먹지 마라!!

그리고 말이죠,
저렇게 손잡았다는
변법당과 혁명당…

중국사에서 원수들끼리
'■●합작'이라고 꾸린 팀이
제대로 굴러간 적
있소이까.

과연 중국의회는
시작부터 국가 체제
문제를 놓고 大쟁론.

중화 5천 년,
충군의 도리를
저버리느냐?!

대명천지 20세기에
뭔 황제예!!
공화국 가자!!

천자 사상은
중화의 영혼!
황제 없이는
중화도 없다!

만주족 따까리로
사는 게 자랑스럽냐?!

그때 회의장에서
국학자 장태염이
공화제 구호를 외치며
자신의 변발을 자르는
퍼포먼스로 급발진.

노예의 사슬!
변발 CUT!!

신경식을
잘라라!!!

황제 CUT!!!
만주족 CUT!!!

혁명당 인사들은 환호했지만,
변법당 인사들은 경악하며 퇴장.

저 역적들이랑
뭘 논하겠소;;

변혁합작이 깨지며
중국의회는 사실상 붕괴한다.

아, 저기, 그, 양측이 한발씩만 물러나서…

일단 황제는 그대로 두는 입헌군주제를 하되
공화제와 다를 바 없이, 전 국민 보통선거로
구성한 국회가 통치하는 체제로 가죠~ㅎ;;

당재상은 사실상 공화제인
입헌군주제론을 내세우며 어떻게든
양측의 타협을 끌어내려 했지만…

저, 그 보내주시기로 한 20만 달러는…

…음…

지켜보니 저 중국의회는 혁명당의 장난감이다.

황제 몰아내자는 놈들한테 내가 미쳤다고 돈 보내주냐?

자금 지원이 무산되며 자립군 세력은 급속히 와해.

병사들 주급 줄 돈 없다;;

탄약 살 돈 없다;;

당황하지 말고 다 함께 거병!!

오록정과 일부 병력이 8월 9일 거병해 잠시 다퉁을 점거하지만.

…됐다. 마. 그냥 다 정리해버려라.

장지동은 결국 진압 명령을 내리고.

10여 일의 대치 끝에 자립군은 해산, 지휘부 도주.

권력은 총구가 아니라 돈구멍에서 나오는구나;

상하이의 당재상과
자립회 핵심 멤버도
8월 21일 모두 체포.

머리를 잃는 건 아깝지 않지만,
체면을 잃은 건 부끄럽구나…

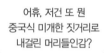

어휴, 저건 또 뭔
중국식 미개한 짓거리로
내걸린 머리들인감?

아, 예, 영국이
청조 살려두기로
결정한 덕분에
걸린 머리들이죠.

8월 23일, 당재상과 핵심 멤버 11명이
처형되어 효수됨으로써
중국의회-자립군 기의는 막을 내린다.

…뭐, 어차피
다 아는 사람들…
친구, 지인들이여.

중국의회에 참여했던
명사, 학자들에 대해서는
딱히 큰 처벌이 없었고,
다들 도망갔다가
대충 다 돌아올 수 있었다.

다음 혁명은
좀 더 신중하게;;

그렇게 장지동은 자기가 일궜던
남방양무–변법운동 라인을
자기 손으로 잘라내야 했던 것.

거, 왜 아직도
상하이에 계쇼?!
빨리 베이징 안 가고!

지금 베이징은 불지옥
아수라도인데 어케 가겠소이까.

그리고 조정과 아직 좀 더
딜을 쳐야 할 것들이 있고…

1900년 8월 20일,
조정은 황제 명의의 반성문–
〈조죄기〉 발표.

작금의 사태는 다 간신들에
의해 휘둘린 짐의 부덕함으로
인함이라…

(사실 서태후 마마 명의로
반성해야 하지만)

아직 부족함.
One more thing.

9월 7일, 조정은
의화단 토벌령 발표.

이게 다 미친 의화단
권비놈들 때문이다.
군은 서양 군대와 협력해
미친 사이비 역적 권비를
소탕토록 하라.

끄아아아?!?

이 정도면…
ㅇㅋ

1900년 9월 15일, 톈진에 도착한 이홍장이
열강과의 교섭에 착수한다.

나라가 먼저 망할 것인가,
노구가 먼저 갈 것인가…

제 3 장

협상

…그럼 뒷일을 잘 부탁드립니다.

1900년 10월 15일, 영록은 베이징을 이홍장에게 맡기고 서태후가 있는 시안으로 떠난다.

나는 태후 마마 곁을 끝까지 지켜야 합니다.

누가 딴마음 먹는다면 중국 서쪽 절반을 가지고 끝까지 태후 마마를 옹위해 싸울 것이오.

뭘 굳이 그 멀리까지 가신다고…

…아, 예, 뭐…

베이징의 8국 연합군은 의화단 토벌을 위해 직예 전체를 작전 구역으로 삼고 점령 진행 中. 발더제 원수도 도착해 연합군 총사령관을 자처하고 있다.

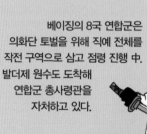

발도재?!;;

프랑스군과 미군은 귀족 사령관 명령 안 듣는다며 인정 안 함.

러시아군 점령지

8국 연합군 점령지

베이징

시안의 서태후

시안

상하이

동남호보

10월 6일, 광저우 근처 후이저우에서는 손문의 흥중회가 또 봉기했지만 실패.

광저우

댓글 보니까 다 청조 망한다며?! 망한다며!!!

...
안 망하는 거죠?

1900년 10월, 북양대신 주화전권대신 이홍장과
열강 대표들의 화의 협상 개시.

뭐, 그건
두고 봅시다.

정식 선전포고 교환이 이루어진 적 없고,
(외교적 절차를 통해 상호 접수된 바 없음)

그쪽 8국 연합군도 그냥 말이 연합군이지,
정식으로 동맹 협약 같은 거
맺은 적 없으니,

일단,
이 사태의 성격부터
규정하고 가보자면—

이건 정식 전쟁이 아니라
일종의 '사변'이랄까요.

일리가
있는데?

고로, 정식 전쟁에 뒤따르는
영토 할양 같은 건
없는 게 맞는 듯. ㅇㅇ

얼씨구?

거, 커뮤 게시판 같은 데
의화단의 난 이후 중국이 분할된다면서
허무맹랑한 짤이 막 돌아다니고
그러던데…

사이 좋게
노나 먹읍시다~

러시아령

의화단의 난 이후
중국 분할안?.png

독일령

영국령

이탈리아령

일본령

프랑스령

일단 현실적으로 이 머나먼 중국에까지
손을 뻗쳐, 큰 땅과 인구,
끊이지 않는 난리를 관리할
여력이 있긴 있습니까들?

안 그래도 꼬여 있는
유럽 파워 게임이
중국으로까지 전선 확대되면
어찌 감당하시렵니까?

아, #@!
엉켰네;;

외않되?
강 영토 나눠들
먹자고요~!

(현재 중국 영토- 만주를
먹고 유지할 수 있는 건
러시아뿐인데 말이죠)

**영국 대표
어니스트 사토우**

○○, 러시아만 좋은 일
시켜줄 수 없죠.

1900년 6월부터 시작된
러시아의 만주 작전은
11월에 이르러 만주 전역을
장악하는 데 성공.

아, 만주의 러시아 자산-
동청철도 지키려고
온 거라고요!

아니, 근데 양민 학살은
왜 저지르는 거임?!

만주 전역이 전화에 휩싸이며
만 단위의 주민들이 학살당하고.

중국인은 대충 다
의화단 지지자이기
때문이지!!!

의화단 사태로
인천이 상하이,
나가사키 등과 함께
연합군의 보급항이 되어
큰 경제적 이득을
누릴 수 있었고.

소와 말 수출뿐 아니라, 수송, 하역, 철도 공사 등을 위한 인력 송출도 크게 흥했지요.

이른바 전쟁 특수?

전쟁 특수우우??! 중국이 불바다 되니까 좋으냐?!!?

하지만 한·만 국경을 넘어 의화단 잔당, 비적 떼가 쳐들어오는 건 싫은데!!

홍건적임?!

만주에서 러시아군에 밀려난 의화단 잔당이 한·만 국경을 넘어 북방을 어지럽힌다.

우리 군대는 어디?!

의주와 북청의 진위대는 아직 완편되지 않아서리;;

3천 명 남짓한 북방 병력으로 그 넓은 국경 지대를 다 커버하는 건 절대 무리죠;;

일단 있는 걸로 막아보세요!

So, 마을마다 민병대를 조직해 의화단, 비적 떼에 맞서야 했습니다.

조선놈들, 민간인 레벨이 높은데?

지역 포수들에 더해 옛 동학도, 의병 등 난세 베테랑들이 넘쳐 나는 시대거든요.

물론 서울에서도 사태를 염려하고 있긴 한데.

W15 한·만 국경 지대 의화단 잔당 난동 DOM

뭐, 겨울 되면 저것들도 움직이기 힘들어서 사그라들겠지…

폐하～ 북방의 소란으로 염려가 크시겠사옵니다～

오, 쁘리벳～

러시아 공사 파블로프

아니, 만주가 지금
정상적인 땅이
아니라니까 그러네.

러시아는 지금 어떻게든 자신들의
만주 점령을 정당화하기 위해 만주의
무주지화를 강변하고 있다.

행정도, 치안도, 아무것도
없이 좀비 아포칼립스 된 땅이라,
누가 나서서 관리해야 된다니까?!

여기에 한국은 들러리로
써먹을 만한 카드.

이거 봐라!
이 하꼬작 한국군까지도
똥물이 튀기자 못 참고 만주로
군대 보냈잖느냐~!

러시아만 그러는 게
아니라고요~!

북벌북벌.

…그런 수작에 넘어갈까 보냐.
영국과 일본한테 러시아 따까리로
찍힐 짓을 내가 왜 하냐.

· · · · ·

한편
St.페테르부르크에서는
1900년 6월 21일에
재무상 비테와
외무상 무라비요프가
거센 논쟁을 벌이고.

이에 흥분한
무라비요프가
뒷목 잡고 쓰러지는데,

그대로 테이블 모서리에
머리를 부딪혀 사망.

후임 외무상 람스도르프는
비테와 충실하게 보조를 맞추고.

아, 러시아는 만주에
영토적 욕심 따위
절대 없음을 확언드립니다!

베이징에서 러시아 측은
만주 철병을 천명.

아, 진짜 찍고
만주 절대 안 먹음.
군대 철수할 거임. ㅇㅇ

이렇게 협상의 중요한
고비를 넘기게 되는군요.

· · · · ·

제 4 장

Boxer
Protocol

양놈들에게 겁탈당한 상류층 부녀자들 수백 명이 줄줄이 자결하고 있으니, 그러지 말라고 해주세요;;

시내 곳곳의 시체 무더기들 때문에 전염병 우려가 있으니 빨리 다 소각해얍죠.

· · · · ·

아니, 가족들이 시신 확인하기 전에 처리하면 안 됩니다;;

이 미친 지옥도를 어찌할 것인가…

빨리 협상 완료해서 양놈들 내보내야 할 건데;;

협상은 각국의 복잡한 이해관계 때문에 매우 더디게 진행되었고.

땅미새들의 영토 할양 요구는—

영토 할양 이벤트 떴드아아아!!!

영국과 미국의 입장 덕분에
어찌어찌 막을 수 있었고.

중국은 모두에게 오픈된
시장이어야지, 누가 막
요지 뜯어먹고 어디 독점하고
그러면 안 됩니다~!

미국의 중국 문호 개방 독트린.

양키놈이
입바른 소리를…

뭐, 땅은 됐고.
이 난리의 주범인
서태후 정권이나
교체하시오.

어어;; 음;;

이홍장 각하, 당신이
새 정권을 이끌어주시오.

…서태후 마마는 일단
건드리지 않는 쪽으로…

아니, 외않되?

군권을 쥔 영록이 결사코
서태후 마마 옹위에 나설 것이기에…

무리한 정권 교체 시도는
더욱 큰 내전 혼파망 카오스를
일으킬 겁니다;;;

소꿉친구 & 사돈
운명 공동체

이라크전쟁 때 후세인
정권을 굳이 제거해서
사달이 난 사례와 같소이다.

…서태후는 안 건드린다 쳐도,
그 이하 전범들은 처벌하는
성의를 보이시오.

특히 이 인간,
단왕 재의.

WANTED

DEAD OR ALIVE
PRINCE DUAN
£ 1000000

…양놈들이 단왕의
목을 원하는데요?

…걍 주죠?

마망~;;
살려주세요;;

…어쩌니 저쩌니 해도
나는 단왕의 숙모요.

선제의 조카, 금상의 사촌을
죽일 수는 없소이다;;

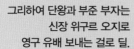

그리하여 단왕과 부준 부자는 신장 위구르 오지로 영구 유배 보내는 걸로 딜.

단왕의 동생 보국공 재란도 함께 유배.

나의 죄는 오직 반제국주의 민중 투쟁을 선도한 것뿐이다!

그 밑으로는 죽어야지.

의화단 가입한 장친왕 재훈,

의화단 공인한 산서 순무 육현,

의화단 추천한 형부상서 조서교 등.

10여 명의 대신을 목매달았고.

순국열사行 가능할지?

1달 전에 병사한 병부상서 강의는 부관참시.

반대로 서양과의 화친을 주장하다가 처형당한 경자피화 5대신은 복권, 추증.

아, 진짜 이 뭔 장대한 뻘짓거리였냐고;;

어차피 무슨 대단한 리더가 있던 것도 아니고.

문제의 의화단 지도자들은 난리 중에 죽거나 도망가다가 백성에게 맞아 죽고.

조직도 결속력도 핵심 교리도 딱히 없던 의화단 무리는 대충 흐지부지 흔적도 없이 사라진다.

생각해보니 의화단은 그냥 건강 체조 모임 아니었나?

이어지는 주요 요구 사항–
다구 포대 폐쇄.

양놈들 칼날 아래 얌전히 배 까고 누워 있으라는 게지.

텐진에서 베이징까지의 모든 요새 철거.

베이징

베이천 · 텐진 · 베이탕

다구

텐진에 군 병력 배치 금지.

2년간 무기 수입 금지.

수입할 돈도 없다…

그래서 경찰로 옷 갈아입은 병력을 배치하게 됨.

베이징 공사관 구역의 완전 조계화.
중국인 출입 금지.
각국 병력 주둔.

아니, 아니!
선비들은 의화단
극혐했건만?!

의화단 창궐 주요 지역은
5년간 과거 금지.

뭐, 어차피 4년 후에
과거 폐지됨…

독일 공사 케텔러 피살 현장에
거대한 추모문 건립할 것.

이름하여
'정의의 문'이라
할지니라.

Entschuldigung~
(죄송합니다)
엔츌디궁~

그리고 광서제의 동생
순친왕 재풍(18세)을 독일에
사죄사로 보내고.

일본 서기관 살해 사죄를 위해
유경판사대신 나동을 일본에 파견.

고멘네~

1901년, 순친왕의
독일 사죄 방문 때
역사에 밝은 카이저가
아이디어 내기를—

거, 왜 청나라에는
황제에게 예를 표하는
최고 레벨 절이 있잖음?

남한산성

독일 황제가 청나라 황제 동생에게
삼궤구고두례를 받겠노라!!!

?!!

3번 무릎 꿇고   9번 머리 박기

X3   X9

아, 진짜 훈족 연설로
이미지 썩창났는데,
더는 야만족 칸
흉내 그만 내시죠;;

이는 독일 정부의 만류와
순친왕의 격렬한 거부로 무산.

쳇

아니, 청나라에서도 이미
외교 의전으로서의
삼궤구고두례는
폐지되었거든요?!

뭐 그런 자잘한 사항들보다
가장 중요한…

배상금 문제를
논해볼까요?

쿳, 결국 본론은
삥뜯기지…

뭐, 그 부분에 대해서라면,
피살자들과 전사자들, 재산 피해에 대한
보상금으로 2천만 냥 정도를
계산해드릴 수 있을 것 같은데요.

워, 워, 단순한
보상금을 받자는 게
아니죠.

모든 중국인에게 이 사태에 대한
'벌금'을 부과해야겠습니다!

중국인 1명당 관평은 1냥!

즉 **4억 5천만 냥**을
징벌적 보상금으로
부과합니다.

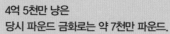

4억 5천만 냥은
당시 파운드 금화로는 약 7천만 파운드.

21세기 가치로는
체감상
250조 원 정도려나?

1900년 영국 해군 예산이
2200만 파운드였다.

땅 안 먹는 대신
제일 많이 가져감.

천주교인이
많이 죽어서
많이 가져감.

이 4억 5천만 냥을 각국이
나눠 갖는 비중.

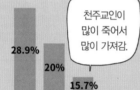

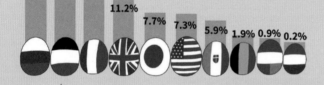

28.9% 20% 15.7% 11.2% 7.7% 7.3% 5.9% 1.9% 0.9% 0.2%

우겨서
많이 가져감.

아니, 일본군
전사자가 제일
많은데;;

이 거액을 한 번에 낼 수는 없고,
연리 4%에 39년 분할 납부하기로.

제발
금리 인하!!

고정 금리여.

054

그리하여 예정대로라면
1938년까지의 총지급액은
원금과 이자 다 합쳐서
약 9억 8천만 냥이 된다.

원리금에
짓눌린 서민 경제!

이를 위해 해관 관세는 아예
배상금으로 원천징수.

그 밖에 증여세, 염세, 어세 등등
온갖 세금에 이 배상금 지급분을
갖다 붙여야 했다;;

이 배상금 액수는 좀;;

중국의 미래를 아예
없애버려야 속이
풀린다는 게요?

중국이 거지 떼만 가득한
황무지가 되는 것이
열강에 무슨
득 될 것이 있겠소;;;

아, 뭐, 그 배상금을 그냥 다 쓱싹하는 건 아니고,
중국의 교육에 투자하는 부분도 있으니
마음을 좀 덜으시죠.

미국이 받은 배상금으로
칭화대학교 건립!

중국 내 기독교 구호,
중국학 연구,
인프라 건설 등등
사실 배상금 절반 이상은
중국 내에 다시 풀렸죠.

의화단 사건은
백성의 무지에서
비롯되었으니,
국민 수준을 교육으로
레벨업시킵시다!

많은 유학생이 저 배상금으로
지원받아 서구 유학에
나설 수 있었죠.

그리고 독일과 오스트리아 몫의
배상금 지급은 제1차 세계대전으로
무효화.

패전국은 돈 받을
자격도 없는 게냐?!

러시아 몫의 배상금 지급은
소련 성립 이후 종결.

사회주의 국가로서
제국주의 깡패짓을
이어받지 않겠소.

 그나마 상당 금액이 중국 내에 다시 풀려 부담을 덜었죠;;

그렇게 1938년 배상금이 완불되었을 때 총지급액은 6억 5천만 냥이었고.

이상의 조항들을 담은 《신축조약》이 협상 11개월 만인 1901년 9월 7일 타결!

《신축조약》, 신축성 있게 적용합시다～ㅎ

자, 여기 사인을…

·····

… 증 선생님…

굽씨의 오만잡상

〈신축조약〉에서 미국이 할당받은 배상금 3천만 달러 중 1080만 달러를 들여 건립한 칭화대학교. 아시아 대학 평가에서 1위를 밥 먹듯 차지하는 중국 최고의 명문 대학으로, 특히 이공계 분야에서는 아시아 탑이라는 데 이견이 없습니다. 시진핑, 후진타오 등 중국공산당 고위급 인사들의 모교로도 유명하지요(시진핑은 음서로 입학했지만). 중국의 과학기술 발전을 이끄는 대학인 만큼 정부와 기업 모두에서 R&D 명목으로 어마어마한 액수를 투자하고 있는데요, 세상은 이를 미국과의 과학기술 경쟁에 쓰일 군자금으로 여기고 있습니다. 실제로 미국은 칭화대학교를 중국의 대미 사이버 전쟁, 기술 탈취 전쟁의 핵심 근거지로 여기고 있다고 합니다. 미국의 호의로 지어진 대학이 오늘날 미국에 대항하는 선봉장이 되었다는 사실은 꽤 역설적이지요.

이를 상징적으로 드러내는 건물이 오늘날 칭화대학교의 '서구체육관'이라 하겠습니다. 미국 건축가 헨리 K. 머피(Henry K. Murphy)의 설계로 1919년 지어진 이 고풍스러운 건물의 원래 이름은 '루스벨트기념체육관'이었습니다. 칭화대학교 건립에 필요한 비용을 집행해준 시어도어 루스벨트 대통령을 기리기 위한 명명으로, 정면 홀에 그의 흉상과 현판이 설치되어 있었지요. 당시 아시아에서는 매우 드물었던 실내 수영장과 농구 코트, 중앙난방 시스템 등을 모두 갖춘 최신 체육관으로, 중국 근대 스포츠 육성의 중요한 요람 중 하나였습니다. (권력을 잡은 마오쩌둥이 겨울에는 이곳 실내 수영장에서 수영했다고 합니다.) 그런데 1951년 중국이 한국전쟁에 참전해 미국과 전쟁을 벌이게 되면서, 루스벨트기념체육관은 서구체육관으로 개명당하고 루스벨트 흉상과 현판도 뽑혀 나갔지요(아마도 토법고로行?). 언젠가 미·중 관계가 아주 좋아진다면, 서구체육관의 원래 이름과 흉상이 복원될 날이 올 수도 있겠습니다.

제 5 장

秋風寶劍

1901년 9월, 〈신축조약〉 체결 후
과로와 스트레스로 몸져누운 이홍장.

…이 나라는
망했다…

But, 아직 처리해야
할 일이 남았으니.

만주 철군
협상 마무리
지으셔야죠~

러시아 공사 기르스

원, 몸져누우신 와중에
피곤하게 끙끙댈 거 없이,
걍 여기 도장 한 방 찍고
마무리 ㄱㄱ!!

…아빠 기르스는 大외교가였는데
(거문도 사태 때 외무상)
아들 기르스는 개차반이구먼…

러시아가 만주 철군에 내건 주요 조건들—

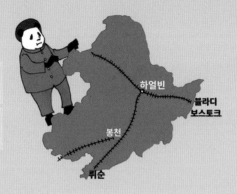

◈ 만주의 모든 철로가 개통되기 전까지
　중국은 만주에 군대를 들일 수 없다.

◈ 이후에도 중국군의 병력 수와 배치는
　러시아와 협의해야 한다.

하얼빈

블라디
보스토크

봉천

뤼순

◈ 뤼순은 러시아에 영구 할양한다.

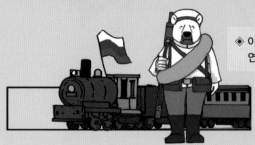

◈ 이 철도는 베이징까지
　연결되어야 한다.

◈ 그때까지 선로 보호를 위해
　러시아군을 배치할 수 있다.

◈ 만주에서의 러시아 군사 비용은
　모두 중국이 부담한다.

◈ 이후 만주 지방행정 인사는
　러시아의 요구에 부응해야 한다.

◈ 만주, 몽골, 신장 위구르 지역의 철도, 광산 등
　이권 사업은 다른 나라들뿐 아니라 중국도 러시아의
　동의 없이는 추진할 수 없다.

◈ etc…

만주가 러시아
침 발라둔
세력권임을
인정하라고.

이 관대한 조건의 협정문에 도장 찍으시면 러시아군은 1년 반 내에 순차적으로 철군토록 하겠습니다.

ㄷㄷㄷㄷㄷㅌ

거, 아픈 노인네 집에 쳐들어와서 뭐하는 짓입니까?!

TPO 좀 가립시다!

으어어어~

직예포정사 주복
(이홍장 비서)

직예제독 마옥곤

이 협상, 다급한 건 중국 측 아닙니까?

협상이 제대로 진행되지 않으면, 러시아군은 이 상태로 무기한 만주를 점거할 것이고, 그대로 영역이 굳어질지도 모릅니다?

...으으음;;
실로 염려스러운 일이다;;
만주에서 러시아군 빨리
내보내야 함.

아니, 러시아의 야욕을
다른 열강이 그냥 두고 볼 리
있겠습니까?

국제사회의
압박으로 어떻게
되지 않을까요?

아니, 아니…
여건이 좋지 않아…

누구 불만 있냐?

Manchuria

어, 음; 뭐, 그걸로
행복하다면…;;

프랑스는 러시아의 동맹국이고,

잘한다~! 잘한다~!
멀리멀리 동쪽으로
ㄱㄱ!!

독일은 러시아의
극동 진출을 부추기고 있고,

중국의 주권 존중하,
중국은 모두에게 평등하게
열린 땅이어야 합니다!

미국은 입바른 말뿐이고,

하, 어떻게 직접
나설 수가 없네;;

결국 외주를
줘야겠는데…

영국은 보어전쟁 때문에
기진맥진한 데다가
국제적으로 고립되어
움직일 여력이 없다.

일본이 나서서
러시아의 탐욕을
막겠습니다!!

현실적으로 러시아에
물리적 태클을 걸 수 있는
나라는 일본뿐이다.

Manchuria

But, 러시아를 몰아내기 위해
일본을 만주에 들이는 것은
곰을 쫓기 위해 승냥이 떼를
들임과 같을 것이니…

먹혀도 같은
동양인에게 먹히는
편이 낫지 않나요? ㅎ

이 곤궁을 어찌 우리 힘으로
벗지 못하는가…

…중화 천조가 오늘날
어찌 이런 딱한 지경에
놓이게 되었느냐…

세상은 그 책임을
이 늙은 몸에 묻는데…

임종 때,
노인네가 입도 열지 못하고
눈물만 하염없이 흘리고 있으니,

주위에 모인 인사들이 한목소리로 다짐하자,
그제야 비로소 눈을 감고 영면했다고 한다.

공께서 이루지 못한 유업,
저희가 받들어
완수하겠습니다!

군벌   매판   관피아

…나라 꼬라지
…

각하께서 분명히 오늘
협정서에 도장 찍는다고
하셨거든요?!

임종 자리에 러시아 공사가
쳐들어왔다고 하는데.

…때와 장소를
좀 가리시오;;

임종 순간 러시아 공사가
이홍장 자택 서재의
서랍을 뒤지고 있었다는
믿지 못할 일화가.

아, 진짜, 인감이 여기
어디 있을 텐데;;

우와악?!

이홍장이 러시아 쪽
뇌물을 잔뜩 받고
도장 찍어주기로
되어 있었다지.

실로 매국 조약문들에는
늘 이홍장 도장이
찍혀 있지 않던가.

세상에는 이홍장을 매국 간신이라
욕하는 평이 넘쳐 났지만…

아아, 이홍장이여, 나는 당신이
죽어도 눈을 감지 못할 것을 안다.

양계초는 곧바로
《이홍장 평전》을 써내
이홍장에 대한
나름 객관적인 공과를 평가.

이홍장이 도장을 찍지 못한
〈만주반환협정〉은
1902년 4월에 체결.

경친왕 혁광이
도장 찍음.

러시아가 원안에서 좀
양보해서, 뤼순 영구 할양과
몽골, 신장 위구르 이권 문제는
삭제했지요.

아무튼 이 협정에 따라,
러시아는 이후 1년 반 이내에(1903년 10월까지)
6개월 간격으로 3차례에 걸쳐 만주 철군을 완료하기로 함.

하지만, 이는 20세기 초 국제 정세를
뒤흔들 만주 위기의 서막이었으니…

철군 약속 지켜라.
지켜보고 있다.

ㅇㅋ~ ㅇㅋ~

The Game
of
Manchu

Begins!

이리 협정 맺었으니,
만주에서 군사적으로 뭔가
일 벌일 필요 없는 거 맞죠?

시베리아–만주–베이징 연결 철도를
우리가 장악한 최고의 여건하에

다 같이 사이좋게 경제적 이득
추구하면 모두가 좋잖습니까?

러시아 재무상
비테

차르의 극동 정책 고문
베조브라조프

–라는 걸로는 부족하고,
만주를 제대로 호로록 하려면
한반도 북부까지를 러시아
세력권으로 확정해야 합죠~

…만주 문제 외주를 일본이 맡는 대가로 원하는 바를 제시해보시오.

영국 총리 솔즈베리 후작   駐영 日 공사 하야시 다다스

ㅎ~ 뭐 크게 바라는 건 없고요~ 그저 공식적인 우정의 증표를…

러시아의 관심을 유럽이 아닌 머나먼 극동으로 향하게 한 본인의 신묘한 책략!!

독일제국 총리 뷜로

이 정도면 비스마르크 넘어섰다고 봐야.

기껏 맺은 러불동맹인데, 극동 문제로 러시아는 영국·일본과 대립을 이어가며, 유럽에 집중하지를 못하네;;

러시아와 영국의 대립을 끝내고 러시아의 관심을 중부 유럽으로 가져오려면…

프랑스 외무장관 델카세

Make America Great Alone!

음?

1901년 9월, 매킨리 대통령 암살로 부통령 루스벨트가 미국 대통령직 승계.

시어도어 루스벨트 Jr.

앞으로 빡센 게임이 전개될 터인데, 국민 총화를 위해 여론 조성 좀 잘 부탁하네.

1901년 6월, 일본에서는 1차 가쓰라 내각 출범.

언론인 도쿠토미 소호

총리 가쓰라 다로 (야마가타의 the 딸랑이)

신문은 언제나 충군애국 머신이죠!

국민 총화도 여론 수렴도 20세기에는 정당정치로 이뤄야 된다고…

이 와중에 일단 일본 정당정치의 성립 부분을 살펴보고,

1900년 9월, 입헌정우회 창당.

한국 이야기도 살짝 살펴보고 갑시다.

의화단 나비효과가
무시무시하구먼…

만주 게임이라니…
어떻게 개평 좀 얻어먹을
각이 나오려나…

뭐, 우리나라에서는
반기독교 민란 같은 거
없겠…

난리 났수꽝!!

1901년 5월, 이재수의 난 발발.

제 6 장

입헌정우회

일찍이 영국의 의회 정당정치를 동경했던 영빠 이토 히로부미.

아아, 몸도 마음도 정치도 다 이기리스가 되고 싶다, 이기리스야.

그 뭔 끔찍한 소리요?! 당신도 번벌 원로의 일원이라는 걸 자각해!

일본은 (삿쵸)번벌 원로들이 인맥으로 엮은 군과 관료 엘리트들 데리고 잘 캐리하는 체제가 최선!

의회는 그냥 양놈들에게 보여주기 위한 장식일 뿐!

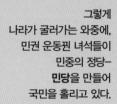

그렇게
나라가 굴러가는 와중에,
민권 운동꾼 녀석들이
민중의 정당–
민당을 만들어
국민을 홀리고 있다.

번벌 기득권이
지배층만을 위해 나라를
굴리고 있는 부조리한 현실!

저희 민당
(舊 자유당, 舊 진보당, 헌정당)이
의회에서 국민 여러분의
민의를 대변하겠습니다!

지지요!

그리 세월이 흐르면 결국
천하 민심을 업은 민당이 체제를
뒤엎고 데모크라시 천하를
이룰 것이 뻔하지 않은가!

민심이
천심이다~!
ㅎㅎ

그런 사태를
막으려면?

바로, 민당에 대응하는
기득권의 **관당**을 조직해
민심을 이쪽으로도 끌어와 의회에서
정당정치로 맞서는 것이 상책!

번벌, 재벌, 관, 군의 기득권을 지키고
국가 엘리트의 국가 운영을 의회에서
충실히 보좌할 관당을 만든다!

원래 어느 나라나
그런 기득권 대변
보수당이 있는 법.

—라는 이토의 번벌 정당 구상은 번번히
야마가타의 반대로 무산.

아, 우리 국가 엘리트 원로들은
그딴 정치 놀음과는 거리를 두고
초연하게 나라를 운영해야 한다고!

이권, 포퓰리즘, 권모술수에
찌든 정당정치 놀음에 어찌
나라의 운명을 맡길소냐!

과거(고시) 쳐서
정당하게 능력을 입증받은
관료, 군 엘리트들을
기반으로!

원로들이 정치와 무관,
초연하게 나라를
이끌어야 한다!
"초연주의!"

됐다, 마.
정치 혐오충 번벌 주류 제끼고
내 혼자서 정당 만든다!

─라는 건 솔직히
조금 빡세서 무리고,
기존 정당을 중고로 구입해서
운영하는 게 상책이겠지.

이타가키
다이스케(도사번)의
자유당

since 1881

오쿠마
시게노부(사가번)의
진보당

since 1882

이 양대 라인이
1898년에 합당
헌정당

But, 이 헌정당은 집권 후
감투싸움으로 붕괴.

(18권 6장 참조)

법적으로는
우리가 진짜
헌정당임. ㅎ

자유당계는
헌정당으로.

진보당계는
헌정본당으로.

아니 법통상 우리가
원조, 본가임.

이후 이타가키는 책임론과
정치 환멸로 정계 은퇴.

분당의 설계자,
호시 도루가
헌정당을 이끈다.

이타가키가 죽든 말든,
자유가 죽든 말든…

메이지 헌정의 요괴라는
호시 도루와 정당 합작을
논해봐야겠음.

흠? 오쿠마의
헌정본당이 아니고
저희 헌정당과?

오쿠마(62세)는 나랑 같은
유신지사 항렬인지라,
한 항렬 아래인 자네가
좀 더 편하지.

호시 도루(50세)

-하면, 이토 공께서 저희
헌정당 당수로 취임하시면
어떻겠습니까?

ㄴㄴ, 민당이 아닌 관당으로
확실하게 브랜딩해야 하니까
신당을 창당해야 해.

이토와 호시가 밀당하며
논의가 진행되고.

1900년 9월 13일, 헌정당 전격 해산.

호랑이를 잡으려면 호랑이 굴에 들어가야제!

이의 있습니다!!

반대 토론을 해야 합니다!

4명을 제외한 소속 의원 113명이 이토 신당으로 이적.

1900년 9월 15일, 신당-
입헌정우회 창당.

유신 시기에 아직 미성년이었던 차세대 정치인들이 대거 합류한다.

오자키가 이 신당에 참여한다고??!? 이게 맞아??

사이온지 긴모치
(51세)

하라 다카시
(44세)

오자키 유키오
(42세)

헌정본당 의원 9명 데리고 합류했지요~!

천황이 축하금 2만 엔 하사.

정당은 별로지만, 이토 정당이라면 괜찮겠지…

각계각층에서 입당 지원 쇄도.

원훈 탑티어 이토 공과 민당 본가 자유당계가 손잡았다고라?!!?

신당 코인 탑승 ㄱㄱ!!

물론 각계각층의 반발도 고조.

"오호라~ 자유당이 죽었구나~! 한때 기개 있었던 자유당을 조문하노니."

헌정본당과 언론의 비난.

변절자 쉐키들! 번벌 따까리가 돼부렸어?!

고토쿠 슈스이가 《만조보》에 게재한 〈자유당 조문〉이 유명.

아무튼 입헌정우회는 헌정당과 기타 합류 인원들을 합쳐 의회 과반인 155명을 확보.

자, 시작부터 정치판 최강자!

이에 야마가타는
총리직을 넘겨준다.

어디, 이토 씨가
정당정치라는 거
잘해보쇼.

1900년 10월 19일,
이토가 총리에 취임하며
4차 이토 내각 성립.

육해군 대신을 제외한
내각 주요 멤버를
모두 입헌정우회 소속으로
채웠으니.

이 또한 어찌 '정당내각'이
아니겠는가!
아아~! 정당정치 뽕 돈다!

그래봤자
번벌 원로들의 정권
주고받기일 뿐이지!
올려치기 ㄴㄴ!

082

하지만 이 내각은 반년 정도 굴러가다가~

재정 사정상, 지방의 추가
철도 건설 예산 충당은
없는 걸로…

뭔 소리여!!
우리 지역구에
철도 공약해놨는데!!

이런 걸 당 중앙과
상의 없이 결정하냐!?!

대장대신 와타나베의 일방적인
철도 예산 CUT으로 입헌정우회
의원들이 대반발.

결국,
내각 내 불일치와 당의 반발로
1901년 6월 2일 붕괴.

…정치인 녀석들
한데 묶어 끌고 가기
쉽지 않구나…

내각 붕괴 직후인 6월 21일,
호시 도루가 도쿄 시청에서 피살.

변절 부패 간적
요괴 호시는 달게
칼을 받으라!!

아오;
뇌물 받은 건
나 아닌데;;

심형도류 검술 10대
이바 소타로

이후 우여곡절 끝에
가쓰라 다로가 총리직을 이어받아
1차 가쓰라 내각 출범.

아아, 이렇게 조금씩
차세대 루키들이 전면에
나서게 되는군요~ㅎ

이번 내각은 맡은 바
임무가 막중하다.

**가쓰라 다로(52세)
야마가타의 딸랑이**

이 내각은 과연 만주 게임을
클리어할 수 있을 것인가?!

러시아를 상대할 수
있을 것인가?!

한반도를 호로록
할 수 있을 것인가?!

뭘 호로록
한다고?!

제 7 장

ISLAND

초대 駐조선 프랑스 공사로 오랜 기간 봉직한
플랑시는 열렬한 도자기 덕후였습니다.

Victor Émile Marie Joseph Collin de Plancy

중국, 일본과 다른 조선 도자기만의
아이덴티티를 프랑스에 알림.

대한제국의 1900년
파리 EXPO 출전도 적극적으로 추진.

근정전을 축소 복제해 만든
파리 EXPO 한국관.

플랑시 공사가 한국인 무희를
현지처로 들였다는 설도 유명하고.

꼬레아
라이스 와인!!
트레비앵~!

원시 고대
한빠랄까요.

아, 지금 한가하게 막걸리나
빨 때가 아니라고요!!!

학; 뮈텔 주교님;;

제주도에서 反기독교
난리가 터졌다고요!!
뭔, K-의화단인가?!

헐;

가, 가, 톨릭
가, 가라!!

1886년 〈한불수호조약〉 이래
조선의 가톨릭 박해가 끝났고.

우리 선교사들
이제 안 죽일 거죠?

니들도 우리 책
더 훔치지 마쇼.

1898년, 명동성당 완공.

1899년, 가톨릭교회와
조선 정부간 〈교민조약〉 체결.

정교 불가침,
교회 보호 ㅇㅋ?

우리 엄마도 독실한
가톨릭교도셨죠. ㅎ

그래도 지방 사또, 유지들의
선교사 박해가 여전해
돌아다니기 무섭습니다만…

신부님들을
'나와 같이 대하라'
는 증표를 드릴 테니
안심하고 돌아다니시오.

─이렇게 신부들이 황제에게
〈여아대〉를 받았다는 썰도 있고.

그렇게 가톨릭 신부들은
1898~1899년 본격적으로
제주도 포교를 시작.

제주도~ 푸른 밤~
그 별 아래~♬

페네 신부   김원영 신부

아직 개신교가 손을 뻗지
못한 블루 오션이지.

1899년 4월, 성당 설립.
1년여 만에 1천여 명의
신도를 모으며 교세 확장.

이 섬을 동양의
아일랜드로 만들리라.
(Ireland)

섬이 아일랜드
아님수꽈?

물론 제주 유림의 격한 반대뿐 아니라,

아오, 제주에 카톨릭이라니;
대원위 합하 시절이었으면
싹 다 Cut/톨릭 만들었을 것을…

제주 무속인들도 극렬하게 반발.

과랑 과랑혼 벳디!

무신 거옌 고람 신디 몰르쿠게?!

그 와중에 가톨릭교도들은 교회의 홀리 실드를 제공받고.

우리 교인들 괴롭히지 마숩세! 주말 주차 단속 하지 마숩세!!

어; 음;;

관이 건드릴 수 없는 언터처블 집단이 되었수다.

아, 이렇게 가톨릭교도가 되면 관아에서 터치 못 한수다게! 세금 미납해도 무탈!

이리 좋은 교인 왜 안 함수꽈?

견고한 지역 윤리·문화 공동체의
벽을 쉽게 깰 수는 없었고.

아니, 아니, 유교의 가르침을
저버린 놈들은 낫 닝겐.

공동체 밖의 짐승이
될 수는 없쑤다양.

도리를 저버리고
양놈 신을 모시면
우리 앞바다
크툴 할망이 왁왁하우다.

이에 일부 가톨릭교도가
자격지심에 행패를 일삼았으니.

쿵! 교인은 이교도들에게
진 빚 안 갚아도
처벌 안 받쑤대!!

이 도세기는
이제 내 껀갑서!

워~
메시께라~!!

더 나아가
무속 신당과
유교 제단을
부수기까지.

관은 신부들 눈치 보느라
아무 대응도 할 수 없었고.

내 임무는 제주도에서의 새로운 세수 발굴이긔!

그 와중에 서울에서는 봉세관 강봉헌을 제주도에 파견.

이 지옥섬에서 뭘 더 뜯어간다수꽈?!

미역세도 매기고, 귤껍질세, 전복세, 한라산 등반 요금, 말똥 환경부담금 등등.

대한제국이 조선보다 심한데;

20세기 근대화를 위해서는 돈이 많이 든다긔!

문명개화한 가톨릭교도들은 우리 친구긔~!

ㅎㅎ~ 저 마을에 세금 신고 안 한 귤나무가 10그루 있죠~

가톨릭교도들은 봉세관과 결탁.

주민들을 세금으로 괴롭히는 데 앞장선다.

시베난@#^%스로@#몽근@#!

그리 불온한 기운이 쌓여가던
1901년 초.

제주 대정군수
채구석

작가가 엉터리 제주도
사투리 꾸며 쓰는 것도
이제 좀 무리인갑다…

내가 1895년 제주 민란과
1898년 남학당의 난 때는
모두 진압하는 쪽에 서서
칼을 휘둘렀건만.

※ 1898년 동학 잔당인 방성칠이
제주도에서 봉기했다가 진압당함.

작금의 제주에서는
어찌 민란에 응원을
보내지 않을 수 있겠는가…

교인놈들에게 정의 구현을
행하지 못한다면 이 섬은
결국 가톨릭 신정 자치구가
될 것입니다!

교인에게 첩 NTR당한 좌수 오대현

아, 이번에 오장의의 자결로
부글거리는 민심을
한번 터뜨려줘야 않겠수꽈?!

관노 출신 대정군청 통인 이재수

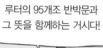

루터의 95개조 반박문과
그 뜻을 함께하는 거시다!

1901년 2월, 정의군 향교 사람들이 하논성당
건축에 대해 항의(욕)하는 대자보를 게시.

향교 장의 오신락

저 맹글 영감탱이가
우리 성스러운 경사에
저주를 뿌려대?!

진작에 상투 잘랐으면
이리 머리 묶일 일
없었겠져?

이에 교인들은 오신락을 잡아다가
말 꼬랑지에 상투를 묶고 조리돌린다.

울분을 참지 못한 오신락은
2월 9일 목을 매 자결.

이 귀신섬의 저주
맛 좀 먹엉갑서…

이 참사에 섬 전체가 분노하우다!!

교인놈들 결딴내어
1만 8천 신의 고향을
정화합서예!!!

뭐, 그런저런 기운들을 모아
일단 비밀결사 상무사를
결성해보았습니다.

제 8 장

이재수의 난

지역사회의 이익과
전통 이념 수호를 목적으로
제주도 각계각층 사람들로
조직된 상무사.

멜젓은 소중하닝겐.

가톨릭교도들과의
대결을 앞두고
일본 상인들에게서
총기도 구입하고.

어장 침탈하는 왜놈들도 밉지만,
일단은 천주쟁이들
정리가 급선무다.

소데수꽝~

1901년 5월 6일, 교폐와 세폐를 성토하는 대정군민 민회 개최.

교폐!!!!
교인들의 폐단이
멜젓가수꽈!

세폐!!
세금 폐단이
멜젓가수꽈!!

민란은 일단 탄원서
제출로 시작하는 게
국룰이지.

민회는 교폐와 세폐 척결을 요구하는
탄원서를 제주목에 제출하기로 의결.

좌수 오대현을 장두 삼아 제주성으로 향하는데.

5월 14일, 한림에서 오대현 일행을
무장한 가톨릭교도들이 습격.

실랑이 와중에 백성 1명이
교민의 총격에 사망.

오대현은 교민들에게 포박되어
제주성으로 끌려간다.

이에 도민들의 분위기는
급격하게 강경론으로 기울고.

5월 15일, 대정 읍내에서
총포로 무장한 민군이 봉기.

가자! 제주성으로!!

이재수와 강우백을
민군 대장으로 추대.

이재수가 서진을
이끌고 서쪽 루트로.

섬을 한 바퀴 쫙 훑으며
마을마다 남정네들을
싹 다 합류시키며 가는 거우다.

제주성

제주군

한림

징의군

대정군

대정

강우백이 동진을
이끌고 동쪽 루트로.

으어;; 이교도놈들이
지하드 선포했나;;

그러면 우리도
성전이다!

100명도 안 되는 제주목 병력,
어차피 싸울 생각 없는 거 아니까
제주성 방어는 우리 교민들에게
맡겨주시우다.

제주도의 두 프랑스 신부는
제주목에 협조를 요청.

제주목사 서리
제주군수 김창수

어; 음;;
그러시우다;;

무세 신부   라쿠르 신부

아, 우리가 대신
총 들고 싸워준다고.

제주성의 가톨릭교도들은
관아의 무기고를 열고
100여 명의 인원이
총기로 무장한다.

이게…
맞나?

제주성

제주군

한림

정의군

대정군

대정

5월 16~17일,
민군의 동서 양진이
제주성에 도달.

그 병력은 호왈
1만 명에 이르는 대군세!!

…당시 제주도 인구가
약 10만 명이었다는데…

이에 맞서 교민 측은
제주성을 폐쇄하고 농성.

〈킹덤 오브 헤븐〉의
예루살렘 수성전
찍는 느낌으로.

제주성 동남쪽 황사평에 본진을 둔
민군은 곧바로 공성전에 돌입.

여리고성은
무너질지어다!!

5월 18일, 민군의 공격에
교민 측은 총격으로 대응.

한 방에
주님 곁으로!!

으어, 성당에서
총질 가르치나?!

첫 공격은 수 명의 전사자를 내고 실패한다.

그래봤자, 성 포위하고 압박하면 한 줌도 안 되는 천주쟁이들 저절로 무너지게 되어 있다!

성내에는 천주쟁이들 싫어하는 사람들이 훨씬 많으니까.

으음;; 아무래도 대참사각인데;; 구원군이 필요하다;;

5월 20일, 라쿠르 신부는 목포로 사람을 보내고.

아이고!! 제주도에서 프랑스 신부님들이랑 가톨릭교도들 다 죽게 생겼수다!!!

잉, 한 글자당 2전이요잉.

목포에서 서울로 SOS 전보 송신.

음… 제주도에서 민란인가…

뭐, 요새 세금 좀 심하게 뜯긴 했지…

이거 미니 의화단 아닙니까?!!?

한국 정부와
프랑스 공사관에서
대응 착수.

일단 인천에 있던
프랑스 군함 2척을 급파.

의화단 사건 뒤처리로
황해에 프랑스 군함들이
몇 척 전개해 있었으니.

합승
합시다.

지휘관
모르네 함장

신임 제주목사
이재호

신임 대정군수
강봉헌

프와넬
신부

포함 수프리즈

초계함 알루이트

이어서 강화 진위대 병력 100명과

궁내부 고문관 W. F. 샌즈가
기선 현익호를 타고 뒤따른다.

Wa!

일본 함선도
따라붙고…

5월 23일,
제주목사 서리 김창수의 중재로
민군과 교민들 사이에 화의 교섭.

원, 충의로운 백성과
자비의 신앙인들이
어찌 싸울 필요 있겠소이까.

아니, 저것들이
먼저 총 쐈잖아요.

쟤들이 교민 다
잡아 죽인다잖아요.

교섭 결과,
일단 교민 측에 잡혀 있던
오대현 석방.

교민에게는 병력이 없다!
우리가 반드시 이긴다!!

이걸로 퉁치려 하지 말고!!
총 쏜 놈들 다 넘겨라!!

이재수는 포위를 풀지 않고
더욱 강경한 태세를 유지.

으어;;

성안 사람들 잘 들으우다!
문 안 열면 다 교민이랑
한 패거리로 간주할 거우다!

…제주성 시민들이여;;
사흘만 기다려주시오;;
그 안으로 반드시 프랑스
군함이 올 거우다;;

결국 1901년 5월 28일,
제주성 내의 아녀자
1천여 명이 봉기.

아오!! 사흘 다
기다렸수꽝!!

교민놈들 원래
맘에 안 들었어!!

아, 아주망;;

모든 성문을 열고
민군을 성내로 들인다.

느그 천주님 단체로
접견할 때가 왔느니라!!

저, 저, K-의화단이!!!
아니, 우리 군함 뭐 함?!?

아이고, 신부님요,
일단 몸 숨기시고;;

프랑스 신부들은
제주목의 보호하에
안전 가옥으로 모셔지고.

이재수는 제주도 가톨릭교도 명부를 입수.

이 명부에 오른 이름들,
ㄱ에서 ㅎ까지 한 놈도 빠짐없이
다 순교시켜주우다.

이게 과연 정의라
할 수 있수꽈?!!

어미 '수꽈' 붙인다고
다 제주도 말 되는 거
아니우멍.

수꽈 블릿!!

제주성 함락 3일 만에
가톨릭교도 300여 명이 피살된다.

5월 31일, 프랑스 함선들 제주 입항.

(29일에 이미 수프리즈호가
제주항 앞바다에 도착했지만)

음; 너무 늦었나;;

그리 제주성에서 진행된 난리들을
제주 유배 중이던 김윤식이
일기《속음청사》에 충실히
기록해놓았음.

아이고, 대감, 일단
안전한 곳으로 가시죠;

대충 나라 꼬라지
축소판이다.

제 9 장

탐라로셀

1901년 5월 31일,
프랑스 함선과 함께 제주목사 이재호 부임.

모르네 함장

자, 자, 프랑스놈들까지
몰려왔으니,
대충 정리하더라고들.

제주목사와 민군 간에
해산, 정리 교섭이 진행되고.

캬악!! 이제 우리 프랑스
수병 270명이 이 폭도놈들
다 쓸어버리는 피의
응보 기대하시라!!

· · · · ·

6월 2일, 프랑스 함선들은
제주를 떠나 인천으로 귀환.

뭐, 딱히 별일
없네요.

엥?

6월 2일,
강화 진위대 병력 100여 명과
궁내부 고문관 샌즈 도착.

중대장 홍순명

제주성에서는 이때까지도
가톨릭교도 살해가
이어지고 있었고.

거, 적당히들 좀 하쇼.
의화단 꼬라지 소식
못 들으셨소?

6월 9일, 프랑스 함선 알루이트가 돌아와
살아남은 가톨릭교도 50명과 무세 신부를
목포로 피신시킨다.

Ghost island
탈출은 지능순;;

피를 마시는
섬이로다…

6월 10일, 찰리사 황기연과 추가 병력 도착.

Charles
찰리

황명을 받들어 민란을 정리하고
시시비비를 가려주겠노라!

거, 일반적인 민란 정리 프로토콜대로, 장두들이 총대 메고 나오셔야겠고.

해당 지방관들은 다 옷 벗길 거고.

ㅇㅇ, 우리가 장두이니 데려가숩서.

6월 11일, 장두 이재수와 오대현, 강우백, 대정군수 채구석을 서울로 압송하며 신축민란 공식 종결.

아니, 나는 왜;;

세금 문제로 민란을 초래한 봉세관 강봉헌도 함께 압송.

이재수와 오대현, 강우백은 재판 결과 사형을 선고받고 10월 9일 처형.

사람이 300명 넘게 죽었으니 얄짤없지.

대정군수 채구석은 사면.

가톨릭 측에 대한 피해 배상금으로
5160원을 지불하게 되었고.

교회 재건축 비용,
사망자 위로금,
장례 비용 등등.

배상금은 제주도민들이 각출.

앞으로는 종교 가지고
싸우지 맙서예.

좀 더 세련된 이념 같은
걸로 싸우면 모를까.

가톨릭교도들의 시신은
민군이 진을 쳤던 제주성 동남쪽
황사평에 묘역을 조성해 매장,
'황사평 천주교 성지'가 된다.

서울
프랑스 공사관.

뭐, 이렇게 한 건
해결인가.

플랑시 공사

해결은
개뿔!!

뮈텔 주교

이 정도 사건이 터졌는데!
프랑스군이 그 섬에
들어가 미개인들 참교육
시켰어야지!!!!

가톨릭교도 보호를 위해
병력 주둔시키고!

제주항 정도는
조차지로
뜯어냈어야지!!!

프랑스가 가톨릭의 수호자라니, 무슨 나폴레옹 3세 시절 이야길 하고 계심까요.

너무 오래 밖에 나와 계셔서 모르시나 본데, 지금 프랑스는 **정교분리** 열풍 진행 中이라고요!

분리이이잇!!!!

1896년부터 진행되며 프랑스 전체를 양분한 드레퓌스 정국은—

보수, 가톨릭, 군부, 왕당파

진보, 좌익, 지식인, 공화파

결국 진보 공화파의 승리로 결착.

진실은 승리한다…

1899년, 드레퓌스는 사면되고 공화파 연합의 공화·국방정권 성립.

116

캬악!!
유대인 딥스테이트가
프랑스를 좌지우지한다!!

하지만 여전히 가톨릭 계열
단체들을 중심으로
개소리들이 이어지고 있다.

발데크 루소 총리

1901년,
루소 총리는
가톨릭교회를 겨냥한
'비영리단체법' 추진.

내 정치 인생의 숙원!
정교분리 성전을
시작한다!!

끼엑??!?

앞으로는 교회도 그냥
다른 비영리단체들과 똑같은
법 적용을 받는다!!

이어서
1902년, 가톨릭 미션스쿨
3천 개 폐교!

1903년, 예수회 등
모든 수도회 해산!

끄아악!!;;
교회의 맏딸
프랑스가
사탄 들렸다!!

국유지 추정
교회 자산 압류!!

프랑스의 근본은
가톨릭이다 이놈아!!!

일련의 反가톨릭 입법 예고에
가톨릭 수호 VS
안티 가톨릭 구도로 치러진
1902년 총선에서 루소 총리 승리.

응, 아냐,
프랑스의 근본은
스노비즘이야.

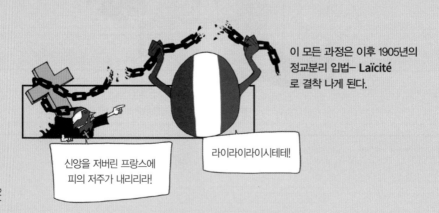

이 모든 과정은 이후 1905년의
정교분리 입법– Laïcité
로 결착 나게 된다.

신앙을 저버린 프랑스에
피의 저주가 내리리라!

라이라이라이시테테!

뭐, 그런 시국이니, 극동 변방 섬에서
설령 프랑스인 신부가 피살되었더라도
눈 하나 깜짝 안 했을걸?

그런 데서 깽판 치다가
죽는 건 자연사지.

뭣보다 외교적 측면에서
제주도 터치가
가능할 리 없었지요.

외무장관 델카세

살얼음판 만주 게임 진행 中인 극동에서
프랑스가 제주도에 깃발을 꽂는다?

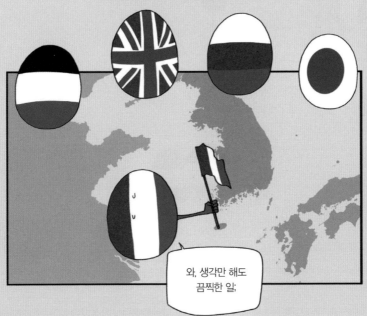

와, 생각만 해도
끔찍한 일;

Error

Error

119 제9장_탐라의 꿈

당장 한반도 최관심국인 일본이
눈에 불을 켜고 있음.

이번 사태 때도 제주도에
일본 군함을 따라 내려보냄.

지켜보고 있다.

방호순양함 차이엔
(북양함대 노획함)

뭣보다 프랑스는 러시아의
동맹국이잖소!
그냥 두고 볼 일이 아니지!

워, 워;;
러불동맹은 일본과는
딱히 상관없는 거임요;;

러불동맹은 어디까지나
독일, 오헝, 이탈리아의 삼국동맹을
대상으로 한 것.

저 삼국동맹 중 한 나라랑
전쟁 나면 프랑스, 러시아는
동맹으로서 함께 싸운다!

러시아와 일본의 전쟁은 러불동맹
적용 대상이 아니라고요;;

응원은
해주겠지만;;

○○, 일본 따위
쪼렙 잡는 데
동맹씩이나
필요할 리가 있나.

아니, 직접 참전이
아니라고 해도…

일본 목전의 제주도에
러시아의 동맹항이 생긴다는 게!!

하라쇼!!

유사시에 러시아 함대가
제주도를 이용할 수 있다는 가능성에
일본이 발작하지 않을 수 있겠는가?!!?

그렇게 극동 어딘가에 프랑스 깃발이 꽂혀 있다면,
러시아와 일본의 전쟁에 말려들 가능성이 커지는 거고.

이는 결국 러·불 VS 영·일 대립 구도를
선명하게 드러내게 될 것.

So, 프랑스는 최대한 극동에 관심 끄고
멀찍이 떨어져 있는 게 최상책.

튜튼의 후예들

1902년 5월, 영국은 결국 보어인들을 제압하며
제2차 보어전쟁을 종결.

남아프리카 정복에
이 정도 출혈을 감내할
가치가 있었을까…

45만 명 규모의 대군을 동원해
사망 2만 6천 명,
부상 7만 3천 명.

2억 1천만 파운드의
전비 지출.

중국 의화단 배상금
총액의 3배다…

뭣보다 대영제국의
국제적 위상 추락.

저 한 줌 민병대 토벌에
대영제국 기둥뿌리가
흔들린다고?

팍스 (퓸) 브리타니ㅋㅋㅋ

전쟁 기간 영국군에 의해 강제수용소에 갇힌 보어 민간인 수만 명이 기아와 질병으로 사망하는 참사도 벌어졌으니.

매우 20세기적이군요.

아니, 어떻게 백인이 같은 백인에게 저런 만행을 벌일 수 있는가!!

全 서구 세계가 함께 분노.

영국놈들, 혐성국 드립이 드립이 아니구나!

서양 각국은 보어인들에게 물심양면의 지원을 아끼지 않으며 영국 왕따 분위기를 이어나갔다.

보어! 유 스틸 마이 넘버 원!

독일은 무기도 지원 해드립니다.

심지어 이 시기 영국을 거꾸러뜨리기 위해
독·불·러가 反영 동맹을 논의했다는 설도.

혐성국 혐성질은
독일, 프랑스도
손잡게 한다.

에에에??!??

다시 없을
기회 아닌지…

세계가 영국을 왕따한다?
영국이 세계를 왕따한다!

이러한 국제적 분위기는 영국 사회에
심각한 위기감과 내셔널리즘을 초래.

보어놈들이 먼저 시비 턴 건데!
영국은 신사답게 대응하고 있는데!!

코난 도일의
영국 옹호 팸플릿 출간.

…영광스러운 고립 어쩌고
컨셉 집어치우고.
진짜, 이제는 친구가 필요하다.

보어전쟁 이후,
영국은 국력과 포지셔닝의
한계를 절감하고
친구 찾기에 나서게 되었으니.

일단 현재의 동맹과 대립 구도에서
가장 쉽게 떠올릴 수 있는 영국의
친목 방향은—

러

영

불

독

아무래도 독일이
자연스럽겠죠?

러

영

불

독

?

우왁?!;;

기실 19세기 후반에서 20세기 초,
영국과 독일 신사들 사이에는
게르만 민족주의하에
영·독 동류성을 강조하는
튜트니즘이 유행했고.

𝕿𝖊𝖚𝖙𝖔𝖓𝖎𝖘𝖒

우리는
게르만 사촌~!

튜튼의 후예 영·독·미는 게르만 동맹으로 서구 문명을 선도할 의무가 있습니다!

1898년, 영·독·미— 게르만 동맹 연설을 행한 식민지 장관 조지프 체임벌린.

뭔 게르만소리야?!

물론 언론에 개같이 까였지요.

이 체임벌린 장관이 1898년의 영독동맹 논의를 주도했는데.

뭔가 주고받는 게 있어야겠죠?

독일 대사 하츠펠트 백작

이때의 논의는 독일의 식민지 할양 요구 등으로 파토 났다고…

동맹 맺는다면, 그쪽 식민지 조금 나눠 주실?～ㅎ

응, 이거나 까드세요.

뭐, 튜튼주의 어쩌고를 떠나
일단 영국 왕실이 독일에서
건너온 가문인 건
모두가 아는 사실.

우리 고조할아버지가
하노버 살다가
이민 오셨지.

우리 남편도
독일 사람이었고…

그래서 여왕에게는
신생 독일제국에 대한
나름의 관심과 애정이 있었으니.

가부장 지주들과
전쟁 기계 장교들이
나라의 근본이다!

이 보수 꼴통 융커들의
군국주의 전제국가를…

영국 Mk.2로 개조하는 것!

의회 민주주의!
언론과 사상의 자유!
리버럴! 밀크티야말로
나라의 근본이죠!

그리하여 여왕은 최애 큰딸을 베를린으로 시집보냈고.

저 오랑캐들에게 문명의 씨앗을 뿌리거라.

베네 게세리트 같군요.

장녀 빅토리아— 비키

자유주의자였던 남편 프리드리히 3세와 함께 독일의 정치적 진보를 꾀하는데.

자유주의 황제 부부가 이 나라를 리버럴 제국으로 이끌 수 있을 것!

우우~

프리드리히 3세가 황제 즉위 3개월 만에 후두암으로 사망.

아이고! 여보 ㅠㅠ

아빠가 저리 간 건 엄마가 부른 영국 의사들 때문이지! 내 팔도 그렇고!

아들 빌헬름 2세는 부모에 대한 반발심 만땅인 꼴통 군국주의자로 성장한 상태였으니.

영국에서 무슨 선한 것이 나겠느냐?! 영국적인 건 다 나빠!!

큭; 결국 장대한 계획은 실패했다;;

1896년, 빌헬름 2세는 보어인들의 지도자인
크루거 대통령에게 영국 민병대 격퇴 축하 전보 발송.

크액!!

츳크~ 츳크~
남아프리카
독립 만세요~

이 크루거 전보 사건으로 빌헬름 2세에
대한 영국인들의 평판은 나락行.

혈우병이 저놈한테
갔어야 했는데…

결국 독일에 대한 희망을 접은 채
빅토리아 여왕은 1901년 1월 사망.

쿼사츠 해머락
만들기 실패. . .

딸 비키도
6개월 후 사망.

외할머니 장례식 참석을 위해
빌헬름 2세는 한걸음에
런던으로 건너오고.

아이고, 외삼촌,
얼마나 상심이
크십니까~

에드워드 7세

런던을 방문한 빌헬름 2세의
예의 바른 태도와 언행에
영국 민심은 어느 정도 카이저에게
호의적으로 변했고.

좋은 사람 같은데?

따지고 보면 빌헬름 2세는
한때 영국 왕위 계승 서열
10위가 아니었던가.

이 좋은 분위기를 타고,
다시 영독동맹 논의를
진행시켜봅시다!

독일 대사 대리
엑카르트슈타인 남작이
영국과 독일의 외교
수뇌부 사이를 분주히 오간다.

외무장관 랜즈다운 후작

영국 여자와
결혼한 영국빠.

독일은 영국과의 동맹을
갈구하고 있습니다!

영국은 독일과의
동맹을 갈구하고 있습니다!

뷜로 총리

저것들이 요즘
후달리는갑네.
동맹 급구라니.

덕분에 양국은 모두 자신들이
甲이라고 생각하며
협상에 임하게 된다.

뭐, 맘에 들도록 잘 제시하면
동맹 맺어줄까나~ 어쩔까나~

함 제시해보쇼~

큰 틀에서 영국은
영·독 양자 동맹을 제시.

영국과 독일이 동맹 맺고,
어느 한 국가가 2개국 이상에
공격당하면
동맹이 참전하기로.

하지만 독일은
3+1 동맹을 제시.

거, 그리 작게 놀려고 하지 말고
우리 단톡방 들어오세요.

독·오·이 3국 동맹에
영국까지 더해서
4국 동맹 갑시다!

솔즈베리 총리는
독일 측 제안을 거부.

그게 뭔 개소리여?! 영국이
오스트리아·이탈리아 보증
서주는 동맹에 왜 가입해?!

그죠?

뷜로 총리도 영국 측
제안을 거부.

영국놈들 속셈은 영국이
만주 문제로 러시아와
각 세우는 경우를
대비하는 거잖아요?!

그걸 우리가 왜 해줘?
러시아를 만주에
집중시키는 게
우리 大전략인데?!

그렇게 1902년 말, 영독동맹 논의는 완전 종결.

어휴, 저런 놈이랑
말 섞었다는 사실이
너무 부끄럽다;

○○, 님 차단할 거니까
말 걸지 마쇼.

피휴우우우우우……

그러면 그렇지;
독일과 영국 짝짜꿍이
될 리가 있나;
ㅎㅎ;

일단 보어전쟁을 거치면서
양국 국민감정이 너무 심하게 상했고.

보어전쟁 가지고
영국 중상모략하는
댓글 부대 근원이
베를린이다!

백인 문명에 대한
범죄자 혐성국을
다 함께 단죄하자!

…그거,
나 잡을라고
만드는 거임?

1898년과 1900년- 일련의 함대법을 통해
대놓고 영국 잡겠다는 독일의 大함대 건설 계획이
영국을 매우 긴장시키고 있고.

어케 알았지?

독일제국 국력이
지나치게 강해짐에 따라,
유럽 1짱은 다구리로
잡아야 한다는
영국의 외교 본능이
팔딱거리게 되었고.

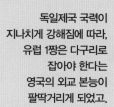

1900년

영국은 독일의 발전을
두려워합니까?

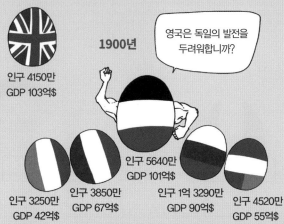

인구 4150만
GDP 103억$

인구 5640만
GDP 101억$

인구 3250만
GDP 42억$

인구 3850만
GDP 67억$

인구 1억 3290만
GDP 90억$

인구 4520만
GDP 55억$

뭣보다, 의회 민주주의 종주국,
자유주의 국가 영국이
군국주의 전제국가 독일과
진지한 동맹을 맺는다는 게

근본적으로 좀
아닌 거 같아요.

그쵸! 그쵸!!
같은 민주주의
가치동맹은 역시
프랑스와…

프랑스 대사
폴 캄본

뭐, 유럽 강대국 간의
관계는 그리 어렵고
부담스러운 것.

일단 가볍게 부담 없는
극동 신진 국가와의
관계는 어떠실지요?!

駐英 일본 공사
하야시 다다스

제 1 1 장

영일동맹

Manchuria

러시아의 만주 점거는
일본에 가장 큰
스트레스였고.

내 드림랜드
만주가;;

일본 內 여론은 강경 대응이 주류.

전쟁 불사!!
점심은 뤼순에서!
저녁은
블라디보스토크에서!

총리 가쓰라   외무대신 고무라

만주까지도
우리 이익선이야!

영국의 대러 견제 버스에
탑승해 러시아에 대한
강경 대응에 나서야 합니다.

하지만 러시아와의
협상 의견도 만만찮음.

아무리 그래도
저 강대한 러시아와
전쟁을 벌일 수는 없지.

이토   이노우에

일단 내가 가서 러시아랑
말로 잘 풀어보겠어요.

…이토 공의 대러 협상과 투 트랙으로, 런던과의 대러 견제 공조책도 함께 진행합니다.

ㅇㅇ, 영국놈들이 요즘 꽤 외로움을 타고 있습니다.

駐영 일본 공사 하야시 다다스

1901년, 영국과의 공조 협상 진행.

영국의 충실한 제자이자, 극동의 친구와 친목 어떠신지요.

외무부 민원 창구

동맹 상담

외무상 랜즈다운 후작

흠…

거, 화끈하게 독·영·일 삼국동맹 갑시다!!
이 멤버로 추축국 하면 위엄 5G고!

엥?

독일 대사 대리
엑카르트슈타인

아, 이 양반은 그냥 아무 드립이나
막 던지는 외교가 광인이니
그냥 흘려들으시고…

튜튼 동맹에
For Honor로
사무라이도 껴주긔!

만주 + 시베리아철도로
북중국 몽땅 호로록 하려는
속셈 버리시죠.

1901년 상반기,
영국과 러시아의
만주 문제 교섭은 결렬.

람스도르프
외무상

하라쇼? 러시아는 만주와
페르시아에서 아무 문제도
없다고 여깁니다만?

쿳, 결국 머나먼 극동에서
러시아를 상대할 용역이
반드시 필요한 상황.

Manchuria

너한테도 저거
심각한 문제지?

총 줄 테니까
해결사 노릇 좀
해봐라.

하, 하잇;;
데, 데모…

러시아 자체도 무섭지만,
동맹까지 있으니
나 혼자서 상대하기 좀
후달리는데요;;

(아니에요!;;
난 러시아의 극동
야망에 절대 엮이고
싶지 않아요;;)

So, 영국이 일본의 뒤를 봐준다는 확실한 문서상의 보장을 해주셔야…

훗, **동맹** 말인가.

일단 일본이 러시아와 1대1로 싸우는 경우에는 그냥 1대1로 진행하고.

만약 러시아 편으로 누가 참전해서 1대2 상황이 될라치면─

(아니, 아니;; 절대 그럴 일 없다고요;;;;)

영국도 일본 편으로 참전해서 2대2로 싸우기로 약속!

이를 보장할 동맹을 맺어주지!

아, 그런데 영일동맹의
보장 범위는 극동 지역에서의
전쟁에만 국한하죠.

영국이 유럽이나 기타 지역에서 전쟁할 경우,

일본이 그런 강대국 대전에 참전할 여력은 없으니까요.

얼씨구?

일본이 극동에서 2대1 상황 되면
영국이 가서 도와줘야 되고,

유럽에서 영국이 2대1 상황 되면
일본이 도와줄 의무 없는
동맹을 맺고 싶다고?

과연 왜는 간사하기
짝이 없어 어쩌고저쩌고…

그딴 체리피킹 동맹이
말이 됩니까?!

아니, 어차피 일본에
러시아 상대 하청 맡기려는
동맹 아닙니까? 굳이 형식과 체면에
구애받을 필요 있으신지요?

동맹 협상이
이런 지엽적인 문제로
속히 진행되지 못한다면…

지금 St.페테르부르크 가는 중인 이토 공이
러시아와의 협상을 성사시킬 경우!

뭐, 이리 말로 잘 풀었으니
서로 싸울 일 없지요~

일본이 영국 하청을 맡아
러시아와 맞설 일은 없을 겝니다!

…저건 왜놈들 말이 맞는 거 같다.
대충 그런 조건으로 진행해라.

유럽 쪽국이 원조 쪽국에
한 방 먹었네요.

이제 도장만 찍으면 되겠시다.

그렇게 1901년 하반기 영일동맹 최종안이 만들어지고.

아, 일본의 아름다운 도장 문화, 알죠.

웨잇, 웨잇, 서두르지 말고, 나 러시아 다녀올 때까지 도장 찍지 말고 대기.

덧?

영빠라서 좋아하실 줄 알았는데;

러시아랑 얘기 잘 풀리면 굳이 영국 용병 노릇 안 해도 될 거라고.

1901년 6월, 입헌정우회 내각 붕괴 직후 은퇴한 이토는 세계여행 ㄱㄱ

총리 4번이나 했으니 이제 정치 현역 노릇은 그만해도 되겠지.

그리고 이 여행은 비공식 외교 특사 여행이기도 하다.

일단 미국에 들러서
박사학위 좀 받고.

일본 제국헌법을 만든
이토 공께 법학
박사학위 수여~!

예일대 명예 법학 박사학위

유사 헌법 같긴
하지만…

저희 폐하께서
차르 폐하께
안부 말씀 전하옵심…

쿳! 간만에 일본인을
보니 10년 전 칼 맞은
자국이 욱신!

1901년 11월,
St.페테르부르크 도착.

……;

ㅎㅎ~
농담이에요~ㅎ

러시아 측과
만주 문제 협상 진행.

영국 너무 믿지 마세요.
색슨족은 간사하기 짝이 없어
신의를 지켰다는 이야기를
들은 바가 없어요.

람스도르프 외무상

아, 예; 뭐;;; 일단
여기 얘기가 잘되어야…

…현 정국 주도 세력이 좀 큰 꿍꿍이가 있는지라 웬만한 레버리지가 아니고서는 시프팅이 쉽지 않겠습니다…

흠…

러·일 협상 결렬

…결국 영국에서 활로를 찾아야 할까나…

영국은 이토를 성대하게 영접.

크리스마스 휴가 中 국왕 폐하의 만찬에 외빈 초대는 매우 드문 일이지요.

총리 솔즈베리 후작   12월 27일, 영국 왕실 만찬 참석.

에드워드 7세

영국인들은 약간 쇼크.

아무리 러시아 견제 용역이라 해도 너무 격 떨어지는데;

저, 저, 어린 동양 아가씨 꼬셔서 현지처 삼는 꼬라지 아니냐?

어휴;; 크리피하다. 크리피해～

〈나비부인〉 봤음?

남들 뭐라 하든 우리만 행복하면 그만이죠～♥

자, 이것이 우리의 의지다!! 맞설 테면 맞서보자!

영일동맹 성립에 러시아는 일단 한발 빼게 되고.

Manchuria

워, 워, 테킷이지～ 테킷이지～ 뭐 그렇게까지 진지 빨 일이라고～ㅎ

1902년 4월,
〈만주반환협정〉을 체결하고

1902년 10월, 1차 철병 진행.
요하 서쪽 병력 철군.

자자, 요서에서 병력 빼는 거 봤지?
6개월 후에 2차 철병도 할 거임. ㅇㅇ

…그렇게 예정대로 철병
다 하면 어찌어찌
전쟁 위기는 넘기려나;;

흐흐…
러시아를 그렇게
물로 보면 곤란하죠~

**차르의 극동 정책 고문
베조브라조프**

굽씨의 오만잡상

19세기 말 20세기 초, 절정에 달한 대영제국의 위상을 생각할 때, 누군가 '영빠'가 된다는 게 딱히 별난 일은 아니었겠지요. 그렇지만 일본인들의 영빠 기질은 꽤 유별나다고 느껴집니다. 아마도 그 영빠질에 일본과 영국의 동질성을 강조하는 부분이 있기 때문이 아닐까 싶습니다. 일본인들이 일본을 '동양의 영국'이라 부른 것이 메이지 초기부터이니 꽤 유서 깊은 호들갑인데요(물론 영국인들이 영국을 '서양의 일본'이라 부르지는 않았고). 사실 일견 꽤 비슷한 부분이 많은 두 나라입니다. 양국 모두 섬나라에 입헌군주국이고, 봉건제 전통과 전사귀족 문화를 가지고 있으며, 사회문화에서 보수적 전통을 중시합니다. 또 좌측통행을 채택해 자동차 핸들이 오른쪽에 있습니다. 양국 공히 맛차와 밀크티로 대표되는 자신들의 차 문화를 소중히 여기기도 하지요. 재미있게도 영국이 잉글랜드, 스코틀랜드, 웨일스, 북아일랜드라는 4개 지역으로 구성되듯이, 일본도 혼슈, 규슈, 시코쿠, 홋카이도라는 4개 지역으로 구성됩니다.

사실 일본제국 시대에 일본이 진정 영국과 비슷하게 갔어야 하는 부분은 리버럴 사회의식과 민주 의회정치였어야 했지만, 그 부분은 깔끔하게 무시되었습니다. 이러쿵저러쿵해도 일본의 문명개화는 '화혼양재'였지 '양혼양재'는 아니었으니까요. 영국을 빨며 따라가던 일본제국은 대가리가 굵어지면서 점차 서양과는 다른 일본만의 동양적 특수성을 자신들의 우수성으로 여기게 됩니다. 그러면서 롤모델이자 멘토였던 영국은 서양 오랑캐로 격하되고(귀축영미), 홍콩과 싱가포르에 욱일기가 휘날리게 되는 일도 있었더랬지요. 하지만 전후 영빠혼이 되살아나면서 각종 서브컬처를 통해 일본식으로 도식화된 영국 이미지가 널리 소비되고 있습니다. 물론 메이드 카페는 실제 영국과는 전혀 상관없는 것입니다.

제12장

압록강은
호로로로록

베조브라조프 알렉산드르 미하일로비치(1853)는
하급 귀족 출신으로 기병대에서 복무했다.

베조브라조프 가문
본가는 뼈대 있는 백작
가문이지만 얘는
먼 방계.

근황파 결사인
신성 친위대의 멤버로
고위층과 교제하며 친목질.

제국의 미래는
동방, 태평양에 있습죠!

로마를 동쪽으로 이전한
콘스탄티노플 황제처럼,

폐하께서도 극동 태평양을
향해 새롭게 뻗어가는 제국의
중흥을 이끄실 운명이십니다!

화려한 언변으로 차르의 환심을 사서
극동 정책 고문이 되었고.

정말 논리적이고
밝은 사람이야!

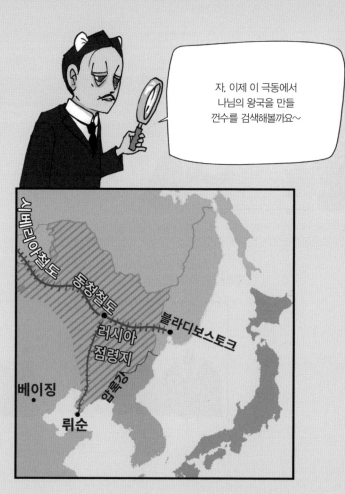

자, 이제 이 극동에서 나님의 왕국을 만들 껀수를 검색해볼까요~

시베리아철도

동청철도

러시아 점령지

블라디보스토크

압록강

베이징

뤼순

검색해보니…
1896년의 아관파천 때, 한국 임금이 러시아 측에 불하한 압록강 주변 목재 벌목권이 있군요.

그쪽 손자분이 〈황야의 7인〉 주연 배우라지요?

3대1로 이익 분배

사업가 율리우스 브리너

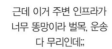

근데 이거 주변 인프라가 너무 똥망이라 벌목, 운송 다 무리인데;;

그리 난관에 빠진 압록강 벌목 사업을 인수!

1901년, 주식 공모를 통해 **압록강 목재회사**를 출범시킨다.

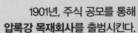

압록강 목재회사

이 회사가 극동에서 우리의 동인도회사가 될 겁니다!

회사라니! 정말 천재적인 아이디어일세!

차르의 전폭적인 지원하에 베조브라조프는 러시아 극동 정책 최고 실권자로 여겨지기에 이른다.

Game of 만주의 眞주인공이 출수합니다~!

1902년 4월의 〈만주반환협정〉 체결로
만주에서 러시아군의 철수가 예고되어 있었고,

10월이 되자
1차로 요서에서 철병.

1903년 4월,
2차 철수를 앞두고
St.페테르부르크는
상황을 재고하기 시작했으니.

아니, 근데, 입안에 든 떡을
다시 뱉는 게 맞아?

대충 남만주에서는 철수하는 시늉하고
북만주는 걍 합병해버리죠.

전쟁성(육군성) 장관 쿠로팟킨

'아니, 근데' 금지!!

그냥 협정대로 병력 빼면 될 걸,
왜 굳이 사달을 일으키려고 함?!

재무장관 비테

만주에서 병력 빼더라도
시베리아철도와 연결된 동청철도를
우리가 쥐고 있으니 만사 ㅇㅋ!

만주 is open door~!

미국의 만주 문호 개방 드립에 호응하면
국제 자본 유치도 매우 흥할 것!

하얼빈의 번영이 이제 막
시작되려는 참이외다!

워, 워, 그 하얼빈, 완전 유대인들
놀이터가 되고 있다던데~

시베리아철도 운영에도 유대인
자본 많이 끼어 있고…

님, 유대인들이랑 너무
친한 거 아님?

아브라함
개객기
해보세요.

ㅅ$ㅂ@#

내무장관 플레베
(비테의 원수이자 정적)

외무장관 람스도르프
(비테의 동맹)

뭣보다
협상의 기술과 관련해~

손에 든 떡
내려놓아라!!

~라는 요구가 있을 경우에는
그 떡에 집중할 게 아니라~

이 떡도 내 떡이다!!

아예 다른 떡까지
삼켜버리는 게
기술이지요.

히이이익;;

대세는 국자론!
한반도 북부 공략 ㄱㄱ!!

이런
미친;;

차르를 뒷배 삼은
베조브라조프 그룹이
노선 투쟁에서 승리.

1903년 중순, 비테 재무장관 사임.

하;; 실각이다 실각;;

러시아의 극동 정책 급U턴.

다시 생각해보니 만주에서
철군하려면 이 조건들이
먼저 수락되어야 할 듯요.

만주의 철로, 주요 도로, 수로를
모두 러시아가 통제한다.
중국 북부에 (러시아 외의) 외국
이권을 추가 허용하지 않는다. 등등~

갑자기
미쳤음?? ㄴ니!

1903년 4월, 러시아는
만주에서의 2차 철군 거부.

말뚝 박즈아~!!

저, 저, 시베리아스키;
저럴 줄 알았다;;

164

그리고 민간 경비원으로 위장한
러시아군 병력을 기지들에 배치.

Remember,
No Russian.

물론 벌목도 하긴 하는데,
장비, 인프라 똥망이라
회사가 수익을 내진 못했죠…

압록강 따라 줄지어 늘어선
기지들의 화룡점정은—

용암포!!!

MAGMA GUN!!!

압록강 하구에 위치한 포구인
용암포를 러시아 항구로
조차한다!

1903년 7월,
압록강 목재회사와
내장원경 이용익이
용암포 조차 MOU 체결.

압록강을 통해 운송한
목재를 바다로 실어 나를
항구가 필요하니까요~ㅎ

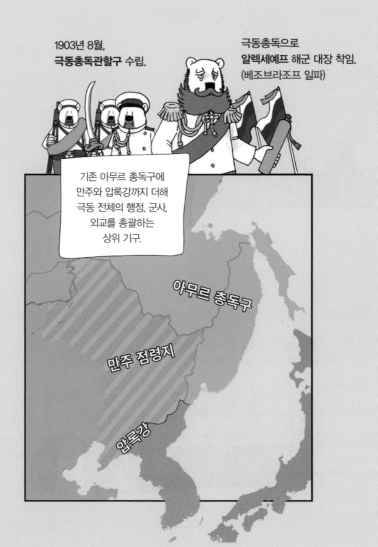

1903년 8월,
극동총독관할구 수립.

극동총독으로
알렉세예프 해군 대장 착임.
(베조브라조프 일파)

기존 아무르 총독구에
만주와 압록강까지 더해
극동 전체의 행정, 군사,
외교를 총괄하는
상위 기구.

아무르 총독구

만주 점령지

압록강

러시아의 만주 정책 급악셀에 일본 조야는 뒤집어지고.

모든 언론과 정당,
여론이 개전을
외치는 가운데—

1903년 4월,
교토 별장에서 열린 정부 수뇌 회의—
'무린암 회의'는 개전 불사 방침을 정했고.

최종 담판이
결렬될 경우에는

결국 개전을…

끄덕

영국 공사
맥도널드

미국 공사
그리스컴

1903년 8월,
러·일 간 최종 담판이
시작된다.

駐일 러시아 공사 로젠

외무대신 고무라

Meanwhile
만주 두만강 유역에서는—

조선 사람, 우리 현청에
세금 내라해~

아니, 그쪽 현청이
실제로 있긴 함?
이 동네 치안도, 행정도
다 날아갔는데 뭔 세금?

1903년 7월, 이범윤軍이
북간도 점령.

고토 회복!

1721년, 조선과 청나라 간 백두산 지역 국경을 명확히 하기 위한 공동 조사가 있었다.

두만강

압록강

목극등

박권

양국 국경인 압록강과 두만강은 강이 흐르고 있으니 경계가 명확한데,

압록강과 두만강의 최상류 수원─ 백두산 지역의 강줄기가 명확하지 않아 문제죠.

백두산

두만강

압록강

압록강의 상류 물줄기는 비교적 명확하지만, 두만강 상류는 산속 땅 밑으로 흐르는 부분이 많아 명확하지가 않지요.

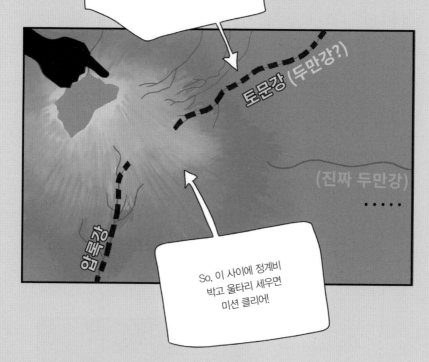

이후 울타리를 세우러 온 조선의 실무 관리들이 약간의 의문을 품게 되고.

…저쪽이 실수한 거, 우리가 굳이 알려줄 필요 없잖아?
대충 덮고 모른 척해.

이를 보고받은 조정은–

숙종

와퍼 세트에 감튀 R 시켰는데, 감튀 L 온 걸 굳이 따질 필요는 없겠죠.

토?문강?
정계비
두만강

그렇게 정계비가 가리키는 경계가 아닌 진짜 두만강과 압록강 사이에 대충 울타리를 세우고 일을 덮는다.

이후 아무도 백두산 국경 문제에 대해 관심을 갖지 않은 채 180여 년이 흐르고.

만주 봉금! 출입 제한으로 자연환경을 보전합시다.

19세기 말에 이르러, 조선 측에서 갑자기
정계비 떡밥을 진지하게 거론하기 시작한다.

그거 아심?
정계비에 따르면
사실 이 토문강이
청-조선 국경임.

WHAT??!?

두만강

토문강은 두만강의
별칭이 아니라,
아예 다른 강이다!?

이는 토문강(?) 동쪽 지역에 대한
조선의 영토 주장을 가능케 한다!?

여기 다
조선 땅일지도?!

그 배경에는—

1860년대 이래로 먹고살 길을 찾아
만주로 향하는 사람들이 늘어났고.

북간도

서간도

만주에서
만쥬라도 한입;

19세기 말에 이르면 간도에 거주하는
조선인이 2~3만 명에 이르게 된다.

옥수수와 콩!
질소비료 이전 시대에
지력을 위한 궁극의
조합이죠.

중국 땅이니까 세금은
이쪽 현청에 내시고~

이에 1880년대 만주 봉금을
해제한 청 측에서 만주 조선인에 대한
자국민화 정책에 나섰고.

축구도 중국팀
응원하시고~

이후, 중국의 난세가 간도의
조선인들에게까지 불똥을 튀기고.

무법 지대 만주에서
의화단 잔당, 청군 패잔병 등등이
비적 떼가 되어 설치고 다닌다!

간도와 국경 지대
조선인들은 민병대를
조직해 맞서지요;

북방에 증강 배치된 진위대가
수차례 국경을 건너가
토벌전을 벌이기도 함.

이 뭔 여진 정벌도
아니고;;

그리고 국제적으로
만주 게임이 전개되면서—

Manchuria

흐음…

아마 전쟁까지는 안 갈 거고, 베를린회의 같은 열국회의에서 만주 문제를 해결하게 되겠지…

이 기회에 요 쪼가리, 우리 땅인 거 등기받읍시다~

그렇게 만주 땅 전체 리셋 와중에 살짝 한입 가능할지도?

어차피 러시아가 만주를 통째로 먹네 마네 하는 판에… 러시아 점령지 쪽 작은 땅 한 조각 정도는 뽀찌로…

가능! ASAP 가능!

그리고 조선 관리들은 1885년부터 이미 백두산 정계비의 토문강을 두만강과 다른 강이라 우기기로 정해놓았다.

토문강! 두만강! 아, 완전 다른 강이지!

토문강은 북쪽으로 흘러가는 강인 거 중국 측에서 다 인정하고 경계 정한 거구먼!!

열강이 모두 땅따먹기 하는 판에, 우리도 남의 땅 한입 먹어야 하꼬를 면한다!

세계 정글 굴러가는 꼴을 대충 익힌 국민 여론도 간도 진출에 크게 부응.

그래! 대한제국도 제국주의 제국이었어!!

민족의 고토 회복! 만주 벌판 달려라! 광개토대왕!

일단 1901년 3월, 국경에 변계경무서를 설치. 경찰들이 압록강과 두만강 건너편까지 작전을 펼친다.

1902년 5월, 행정 조사관들을 서간도와 북간도에 파견.

북간도

서간도

조국의 지배가 동포 여러분에게 찾아갑니다~!

서간도 변계탐정관 서상무

북간도 시찰원 이범윤

이들은 간도의 조선인 마을들에
대한제국 행정조직을 입식.

자, 정부24 앱
다 깔으시고,

홈택스도 깔고, 연말정산이랑
세금 신고 잊지 마시고.

1902년, 러시아와 〈만주반환협정〉을 체결하고
만주 행정 재건에 나선 청 지방 관헌들과
충돌을 빚게 된다.

남의 나와바리에서
뭐하는 짓거리여!!

남의 나와바리에서
뭐하는 짓거리여!!

간도 문제를 두고 서울의
정부 수뇌 다수는
적극적 진출을 꺼려 했으나—

아니; 돈도 병력도
없다 안카요;;

이러다 청나라랑
진짜 전쟁 남;;

원세개, 때려죽여도
안 내려옵니다!!

이 고토 회복의 기회
그냥 날리면 후손들이
뭐라 하겠습니까?!

황제의 지지를 업은
탁지대신 이용익의 푸시로
진출론이 대세가 되고.

182

1903년 말까지
북간도 전체를 점령.

연변   종성

허룽

간도관리사
이범윤!!

북간도의 대한제국 영토로의
편입을 선포한다!

북간도를 영토로
표기한 대한제국
관찬 지도 출판!

청국

로국

대한제국

일본국

그렇게 이범윤이
북간도를 점거하고
북부대공으로
위세를 떨칠 때,

아오! 만·한 국경 교역,
다 중지다! 중지!

침공의 여파로 중국 측이
북방 교역을 중지하면서
국경 지대 경제에 충격파.

북방 상인들은 이범윤
파직을 서울에 청원하기도.

내가 막고 싶었던 건
닳디 닳고 닳디 닳고 닳디 단
범윤 Gang이야~ ♬;;

오랜 우호 형제국
어쩌고 하더니만
다짜고짜 침략이요?!

아니, 저기, 간도에
우리 정규군 병력은
안 들어갔는데요;

주조선 청 공사 허태신 외부대신 서리 유기환 탁지대신 이용익

뭔 눈 가리고 아웅이여?!
바그너그룹이잖소!!

당신네들, 마산 앞바다
러시아에 조차해주는 대가로
간도 받기로 한 거 아님?!?

에에에에~
아닌데에에~

그 와중에 베이징에서는
駐청 공사 박제순이 나름 큰 그림을 구상해
청 외무부를 찾았는데.

러시아의 만주 침탈에 맞서
한·중·일이 함께 결맹하는
'본격 한중일 세계사' 구상을…

간도 침공해놓고 뭔
동맹 어쩌고 뻔뻔한
소리다냐?!?

간도 침공 때문에 문전박대.

쿳; 이용익 이놈;;
저질렀구나;;

바쁘다~
바빠~

음?

駐청 일본 공사 우치다 고사이

라이~ 라이~
어서 옵쇼해~

뭘 꾸미고
있는겨…;

186

제14장

Romantically

Diplomatic

1903년 4월,
서태후의 사이드킥
수석 군기대신 영록 사망.

키힝 ;ㅜㅜ;
나보다 어린놈이
왜 먼저 가니;;

뒤를 이어 외무부 총리
경친왕 혁광이 수석
군기대신을 맡게 되고.

의화단 난리로
쟁쟁한 황족
종친들이 거진 다
날아간 덕분이려나.

정부 수반 취임
감사 이벤트!
모든 관직 20% 세일!!

혁광은 매관매직으로 특히
독보적인 명성을 떨쳤으니.

사람들은
석탄공사, 해운공사 따위보다
경왕공사의 수익률이
제일이라고 수근거렸죠.

영록이 죽으면서 군부– 무위군의 수장은
무위좌군장 마옥곤이 맡게 되는데.

청일전쟁 때 일본군에
맞서 선전했고,
의화단 난리 때
서양 군대에 맞서 선전한
청 말 최후의 명장이죠.

태자소보 임직, 자금성 內 승마 가능,
황성 펜트하우스 분양 등
정승 레벨에 든 마옥곤.

이제 늙고 살쪄서
편히 죽을 날만
기다리노라.

가문의 명예를 높이고
고향에 인심 쓰고
금의환향하는 것이
성공의 증표지!

의전 중독 비만 환자가 되어
명예작에만 몰두하느라
군 관리는 그냥 놓아버렸어;;

의화단 난리 중에도 보전한 2만 군세가
소보왕 3년 만에 싱크대의 솜사탕처럼
녹아 사라졌다고;;

그리하여 실질적으로 청 군부는
이 몸이 캐리하게 되었습니다~

의화단 난리를 전후해 원세개는 철저한 親서양 행보로
열강의 전폭적인 지지를 굳혔고.

책임 있는 자리에
앉힐 사람은
역시 원장군뿐이죠!

원세개가 양병한 무위우군 7천 명은
의화단 난리 때 서양 편에 선 덕분에
전혀 피해 없이 보전되었고.

군의 양병과 행정관리는
역시 원장군이 최고죠!

동남호보로 동남의 사업체들이
사업을 보전할 수 있었고.

이제 동남에서
원장군의 비호 없이는
사업이 불가능하죠!

뭣보다 영록 휘하에서
정관계 친목질을 가열차게 굴려온 덕분에,

그 꽌시 네트워크를 고스란히
이어받았다 하겠습니다~ㅎ

그리하여 의화단 난리 후, 국가 개혁 프로그램인 광무신정에서
원세개는 장지동과 함께 총책 2탑으로 인정받는다.

1901년, 직예총독
북양대신으로
임명받았습니다!

그렇게 원세개가 직예로 데리고 올라온 무위우군은 신군 건설의
중핵이 되고, 이때부터 **북양신군**으로 불리게 된다.

단기서　　풍국장　　오패부　　조곤

아아, 일본과는 소싯적 서울에서부터 인연이 깊지요~

So, 일본 측에서는 일찍부터 원세개를 협상 파트너로 지목, 친목을 다져왔다.

북양신군 군사고문
아오키 노부즈미
(원세개와 결의형제)

일본 공사
우치다 고사이

어휴, 뭐 이런 걸 다~

근간 만주 문제로 청 조정에서도 고심이 깊을 터인데…

우리 일본이 러시아를 만주에서 쫓아드릴 테니 청국은 그냥 구경하면서 중립을 지켜주십사 부탁드립니다.

뎃? 청군도 힘을 보태 같이 싸우는 게 아니라?

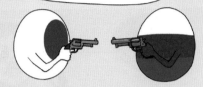

아, 이게 일본과 러시아
1대1 싸움으로 가야 되죠.

가자! 동양
부라더!

청과 일본이 함께 러시아에
대적하면 2대1 상황이 되어서,

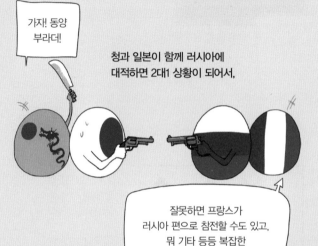

잘못하면 프랑스가
러시아 편으로 참전할 수도 있고,
뭐 기타 등등 복잡한
국제 문제가 될 수 있습니다.

So, 이제 만주에서
일본과 러시아 간에 전쟁이 터지면
청조는 중립을 지키는 것이
상책이라 여겨집니다~ㅎ

개소리 집어치우쇼!!
우리 땅을 놓고 엄한 놈들이
싸우는데, 중립을 지키자고?!

왜? 싸움판 가서
팝콘도 팔자고
그러지?!

양광총독 잠춘훤

왜놈들은 청조가
자력으로 만주를
탈환하는 그림을
원하지 않는 거죠!

어휴, 만주에서 제가 러시아
쫓아드릴 테니 위험하게 싸움
끼어들지 말고 구경만 하세요~

Manchuria

194

그리 자력으로
탈환하지 못한 만주는─

응, 만주는 우리
병사들이 피 흘린 땅이죠.

깃발 푹!

Manchuria

자력으로 찾지
못한 땅에 어찌
당당하게 주권을
주장할 수 있겠소이까!

아니, 아니, 일단
우리가 러시아에 맞서
싸울 군사력이
안 된다고요;;

거, 전쟁 벌이면 당신네
북양신군 축날까 봐
겁나는 게지?!

아, 진짜 현대전
알못이랑 말
못 섞겠네!!

군사를 국방에 쓸 생각은
않고 권력에 쓸 생각만
가득 찬 인간 같으니!!

뭐, 이리저리 따져본 결과,
역시 향후 러일전쟁 발발 시
청조는 중립을 지키는 걸로
결정!

1903년 말,
청조 중립 방침 결정.

《손자병법》에 싸우지
않고 이기는 것이
최상책이라 하였으니~

이 한간 ㅅㄲ
꼭 잡는다···

거, 괜히 중국이 저기 끼면 전장 확대되고 외교 꼬이고 복잡해진다.

기실 서양 각국 또한 향후 러일전쟁 발발 시 청조의 중립을 권고.

걍 중립하라고.

…OO;;

그렇죠!! 중립이 최고죠!! 남들 싸우는 데 끼는 건 미친 짓이죠!!

그리고 프랑스는 누구보다 자국의 중립을 간절히 원함.

1902년, 영일동맹 성립에 대해

러시아의 동맹인 프랑스는 일단 1902년 4월 러불선언으로 러시아 편을 들어주긴 하지만–

러불 양국은 극동에서의 현상 유지를 무너뜨리는 어떠한 시도에도 반대한다~!

아, 그렇다고 러시아가 극동에서 전쟁 벌이는 거에 같이 싸워준다는 건 아닙니다요~!

(러불동맹의 목표는 오직 독일 견제뿐이라고요!)

이후 극동에서 전쟁 발발 시, 참전 불가 방침을 St.페테르부르크에 전달.

일본과 러시아 사이를 중재하는 데도 그 어느 나라보다 열심히 나섬.

일단 파리에서 미슐랭 3스타 풀코스라도 함께하면서 얘기 좀 나눠보시죠~ㅎ

이딴 게 동맹…? 대출금 때문에 참는다.

1903년, 델카세의 러·일 간 중재 시도는 모두 실패.

독일 잡으려던 러불동맹인데, 잘못하면 일본-영국과 싸우게 될 수도 있다니;;

으카카칵ㄲ ㄲ깔깔깔ㅋㅋ

제 꾀에 제가 넘어갔엌ㅋㅋ

…영국 씨, 러시아랑
일본이 싸우는 데 우리가
말려 들어갈 필요는 없지 않음?;;

…ㅇㅇ,
동의한다.

1903년 말부터 프랑스와 영국 사이에
러일전쟁에 말려들지 않기 위한
협상이 진행되고.

러시아랑 일본이 뭔
난리 생쇼를 벌여도
프랑스와 영국은 서로
싸우지 맙시다~ ㅇㅋ?

ㅇㅋ

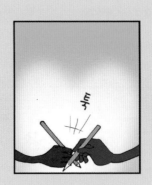

이윽고 이 영·불 협상은 매우 의외의
방향으로 진행되기 시작했으니…

음? 나 외교
천재라고? ㅋㅋ

러일전쟁 임박?!

POPCO

거, 이제 러일전쟁 터지면
엄한 데서 싸우지 말고 딱 여기
극동에서만 싸우는 걸로 ㅇㅋ?

또한 러일전쟁을 앞두고
베이징의 열강 공사들이 합의하기를―

ㅇㅋ

전쟁 무대를
극동으로 한정.

이게 무슨 일본 함대가
유럽으로 쳐들어와서
발트해를 불바다로
만들까 봐 그런 건 아니고.

유럽에 왜구
인베이젼!!!

혹시라도 홍해나 말라카해협
등지에서 충돌이 벌어지는 걸
방지하기 위해서죠.

그리 되면
국제 교역에
민폐 막심!

뭐, 딱히 구속력 있는
합의는 아니지만.

신사답게 전쟁하라고~
(왜구, 슬라브 야만인들아)

ㅇㅋ

전쟁 구역이… 극동?
만주… 한반도?!

아니 ㅅ#%@!!
한반도는 빼주세요!!
한국도 중립 콜!!!

제15장

중립국

일찌기 1885년– 갑신정변 1년 후,
유길준은 한반도 중립화론을 주창.

같은 시기 뮐렌도르프도 한반도 중립화를 논하다.

거문도 사태 국면에서는 김윤식이
각국 공사들에게 중립 표방 공문 발송.

물론 청과 일본이 한반도를 세력권에
두고자 하는 의지가 강고해
이 이웃들에게는 씨알도
안 먹히는 얘기였지만요;;;;

헛소리 말고
이 형님 따라
오니라.

청일전쟁으로 청나라가
손 떼게 되고,

이제 아무도 우리 사이를
방해할 수 없엉ㅋ〜♥

러시아가 등판하고.

거 싫다는데
좀 냅두쇼.

하라쇼
까드쇼.

강대국들 하나하나 진실된 마음과 이치로 설득해나가면 희망이 있을지도?

1899년, 궁내부 고문관 샌즈가 한반도 중립화 조언.

WA! 약자의 무기는 진심과 도리에 있도다!

1900년, 의화단 사태 때 중립 표방.

한국이 언제나 중립 위치에 있었단 걸 기억해줘요~!

1901년, 일본과 한반도 중립화 협상 시도 실패.

화이팅~!

중립국!

주일 공사 조병식

하이! 조카리마스!

일본이 한반도를 일본의 **이익선** 內로
여김이 바위처럼 확고한 뜻인데,
어찌 놓아줄 수 있겠는가.

'관심선' 정도로
안 될까요;;;;

한반도 북부쯤에
중립지대를…

하라쇼까쇼!!
이익선 수호를 위해
전쟁도 불사할 것이다!!

만주의 러시아와 싸우려면
일본이 한반도 가지는 그림이
나와야 얘기가 되겠는데요.

한반도가
일본 나와바리라는 건
이미 묵인되고 있는 것!

ㅇㅋ~
니꺼 하쇼~

이런 판국이니 일본 때문에 도저히 답이 안 나옴요;

거, 남 탓하지 말고! 중립 지킬 힘이 있어야 중립국이고 뭐고 할 수 있지 않겠습니까?!

아니, 뭐 벨기에는 힘 있어서 중립국인가;;

일단 국가 예산의 40%를 국방비에 쏟고 있다고요!

1903년 국가 예산 1076만 원 중 412만 원을 국방비로 씀!

뭐, 일본도 예산의 40%를 국방비로 쓰던 시기니까⋯

1901년에는 어떻게 징병제도 해볼까 연구해봤는데.

무리, 무리. 조선 역사를 돌이켜보면 역시 무리, 무리.

예산도, 행정력도, 교통도 다 무리;;

206

1903년, 해양 방어를 위해
훈련함인 양무호도 구입했는데.

저 前 석탄 운반선을
110만 원 주고 샀다고요?;;

혹시 중간에 누가
커미션 왕창…?

…커미션은 너님
금광 커미션이
조선 제일이죠…

1902년,
서경 풍경궁 공사 시작.

지켜본 바로는, 결국
쓰잘데기없는 돈 낭비가
너무 많은 거 같은데요!

평양에 새 궁궐
짓느라 200만 원을
쓴다굽쇼?!

경운궁 석조전 공사도
아직 진행 중인 판에!!

거, 유사시를 대비해 평양에
행궁 겸 군사기지를
조성하는 것이외다.

그 공사비 태반은 공사 책임자인 민영철이 슈킹했다던데요!

그럼, 한 100만 원 정도 먹은 건감?

근데 언제 화폐단위가 '圓'이 되었지?

1902년, 대한제국도 금본위제를 도입하면서 원–圜(환)이 쓰이게 되었습니다!

무려 금화도 몇 개 찍었다고요!

1원은 금 0.75g이고 1엔은 금 1.5g이니, 환율이 딱 2대1이 되어서 계산하기 편하죠.

근데 사실 대한제국에는 금을 쌓아놓은 중앙은행이 없고–

조선은행, 한성은행, 대한천일은행 등
(조세 수납 은행)

한국의 은행 중 금 태환권 발행 가능한 금 보유고를 가진 은행이 없는지라…

큿, 분하다;

결국 저 '원' 금 태환권을
발행하는 건 일본 제일은행이
맡았스므니다~!

한국 해관세와 한·일 무역 대금을
모두 쌓아놓는 제일은행이기에 가능!

제일은행 총재
시부사와 에이이치

결국 대한제국의
화폐 주권은 실제
금 보유고를 가진
일본 금융계가 가져갑니다.

아오!!
1898년에 한러은행이
성립되었다면!
혹은 1903년에 중앙은행
설립을 위한 프랑스
차관이 성공했다면!

아니, 한러은행이든
프랑스 차관이든 결국 대일
경제 종속, 무역 적자 구조라서;;
결국 그 금 다 일본에 빨아먹혔을…

이렇듯 나라가 약소하고 경제가 빈약한 걸, 어찌 군주 한 사람의 책임으로 탓할 일인감?

19세기 조선사 전체를 탓해야 하는 거 아닐까요?

…19세기 100년에서 폐하 분량이 제일 긴 것 같은데요…

결국 약소국이 기댈 바는 모든 국가의 평등, 공존공영을 표방하는 만국공법의 도리와 이상뿐이외다!

뭐, 짠하네요…

민씨 브라더스!! 유럽으로 ㄱㄱ!! 중립화 떡밥을 열심히 뿌려보자!

駐불·벨 공사 민영찬

駐독·오 공사 민철훈

駐영·이 공사 민영돈

대한제국 중립화 청원 한번 읽어주십쇼~!

하지만 모든 나라가 읽씹.
. . . . .

난 성의껏
잘 읽었어요!

크흡 ㅠ
유럽 인심 더럽.

벨기에가 유일하게 대한제국
중립화 안에 찬성 답신.

꼬레아의 간절한 바람!
벨기에는 진지하게 듣는다!
함께하자! 중립국!

으의?!

레오폴드 2세

초콜릿이 제철이니
조금 보내드립니다.

오오, 벨기에 국왕께서
실로 구주 영걸이시로다!

와플 좋아해서
집에서 매일 만들어
먹고 있어요!!

저 인간이랑
엮이면 안 돼요!!!

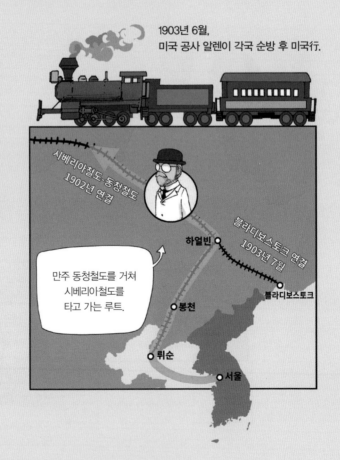

1903년 6월,
미국 공사 알렌이 각국 순방 후 미국行.

시베리아철도-동청철도
1902년 연결

블라디보스토크 연결
1903년 7월

만주 동청철도를 거쳐
시베리아철도를
타고 가는 루트.

하얼빈

블라디보스토크

봉천

뤼순

서울

…시베리아철도 대단하긴 한데, 아직 단선이라 중간에 너무 자주, 오래 멈추고;;

1903년 초중반, 러시아 대규모 유대인 박해 발발.

러시아인들은 아직도 다 너무 미개한 농노 같고; 뭔 유대인 박해나 하고 있고;

…한국 황제는 어디 아파트 동 대표도 시키면 안 될 사람이고요.

헤이 국무장관

9월에 워싱턴에 도착한 알렌은 대통령에게 보고.

T. 루스벨트 대통령

러시아는 이미 너무 많은 투자를 했기 때문에 절대 만주 포기 못 합니다.

Manchuria

시베리아철도의 마지막 퍼즐 조각! 만주!

만주 포기하라는 건 영국에게 수에즈운하 포기하라는 것과 동급 요구죠.

So, 러일전쟁은 반드시 일어날 거고요.

전쟁은 일본이 이길 것 같습니다.

러시아, 직접 보니 좀 써름한 부분이 많더라고요.

그러므로 미국은 러시아를 편들고 일본을 압박해야 합니다.

에? 지는 쪽을 편들라고? 어째서?

"러시아의 만주는 미국에 열린 만주겠지만, 일본의 만주는 닫힌 만주일 것이고!"

"결국 한국, 만주 다 처먹은 일본은 언젠가 미국을 대적하게 될 겁니다!!"

제16장

키 재보기

야레~ 야레~
러시아와 일본이
전쟁을 벌이든 말든
미국은 중립이라고요~? (쑻)

눈뜨고 아웅 하십니까!
미국이 일본 편들고
국채 사주는 거, 온 천하가
다 아는구먼요!!

크액!!
대통령 각하의
정체를 커밍아웃
하시지요!!

에엣~!
마따끼!!

야레~ 야레~
쇼가나이나~
《무사도 가이드》 영어판
무료 나눔 시마쇼~

일빠왕
T. 루스벨트!!

헤이
국무장관

美 대통령이 혐한
일뽕인데, 무슨
기대할 바가 있겠음요.

대통령의 일뽕 정책이
아주 뜬금없는
덕질인 건 아니오.

216

앵글로 색슨과 비슷한 전사 문화를 지닌 야마토인들이 그 정당한 몫을 얻어내는 와꾸! 혼또니 스바라시네~!

물론 실제로 진성 **일뽕**인 것도 영향이 크고.

미개한 지나, 센징은 사무라이 주인님 훈도시나 빠는데스~ (笑)

뭐, 일단 러일전쟁에서 일본이 유리하다면 이기는 쪽 편드는 게 정배지요.

예아~! 전 세계에서 사랑받는 일본~!

예; 예아;;

駐미 공사 다카히라

駐미 공사 조민희(친일파)

······
미국은 텄으니 기대 마시고, 혹시 뭔 일 생겨도 미국 공사관으로 도망 오지 마세요.

Meanwhile
in St.Petersburg

일본놈들이 진짜 전쟁을
할지 어떨지, 뻥카인지 아닌지
알아봐야 하니까, 장군이
일본에 좀 다녀와주시오.

전쟁성 장관
쿠로팟킨

1903년 6월, 니콜라이 2세는
쿠로팟킨을 일본으로 파견.

Da! 근데 너무
염려하진 마시옵소서~

"러시아 병사 1명이 일본군 3명을
능히 감당할 수 있사오니!"

저딴 플래그 드립을
실제로 치다니!?

전쟁 준비, 어떻게 좀
빡세게 해놓으셨습니까?

1903년 6월 12일,
쿠로팟킨이 도쿄에 도착.

저희 일본군이
러시아군에 비하면
아직 많이 부족하지만,
함 둘러보시고 아낌없는
조언 부탁드립니다~

일본군 인벤토리, 템트리
싹 다 오픈할 테니
마음껏 둘러보시지요.

육군대신 데라우치

○○, 러시아와 일본의
종합 전력 비교 분석이
이번 출장 메인 업무죠.

본격 국력 비교!
러시아 對 일본!

 ∶인구∶

1억 3천만 **4600만**

1900년의 영국
공업 생산력을
1000이라 할 경우─

47 **∶공업력∶** 13

100

127

71

300만 톤 **∶선철 생산∶** **50만 톤**

220

:예산:

1903년, 양국 모두
빚내면서 막대한
국방비를 쏟아붓는 중.

전체 국가 예산
3억 2천만 엔

전체 국가 예산
약 12~15억 엔

국방비
1억 5천만 엔

국방비
3억 5천만~
7억 엔

:병력:

현역
120만

(동원 소집 시 약 500만)

현역
23만

(동원 소집 시 약 100만)

지난 세기에 25년 병역으로
악명 높았던 러시아의 병역!

1903년 현재 러시아의
병역은 기본 4년.
초등학교 나오면 3년,
중학교 나오면 1년 6개월.

일본의 병역은 기본 3년.
병종에 따라 2년, 1년 등
다양한 단축 병역 있음.

또한 러시아, 일본 공히 대학생은
장교 후보 등의 제도를 통해
단기 훈련으로 병역 퉁침.

역사상 어느 나라에서든
있는 집안, 가방 끈 긴
자제가 군대 걱정할 필요
없는 법이죠.

뭐, 러시아군이
120만 대군이네 어쩌네 해도,

병력 대부분은 혹시나의
세계대전을 대비해 유럽 쪽에
박아놔야 하는지라;

1903년 현재 극동에
전개한 병력은
13만 정도.

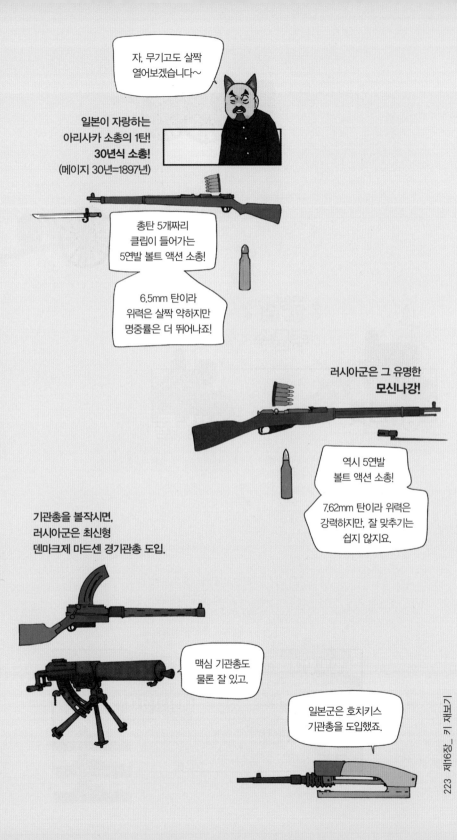

대구경 화포는
러시아군이 2660문,

근데 어차피 대부분
유럽 쪽에 박혀 있다…

일본군이 636문.

:군함:
총톤수

80만 톤　　25만 톤

자세한 세부 사항은
나중에 전쟁 터지면
다시 얘기해보자고.

그런데 러시아 해군력의
3분의 1만이 태평양에
배치되어 있기에, 태평양에서는
일본에 열세인 상황임요;

발틱함대

흑해함대

태평양함대

시베리아철도 단선이라
병력 수송에 한계가 있고;

극동에서 전쟁 벌일 경우
확실히 이길 수 있다는
보장이 없어요;;

駐일 공사 로젠

일본군 병사들도 예상보다
제대로 된 군인들이더군요.
튀르키예군 레벨은 될 듯.

"하지만 독실한 신앙심을 가진
러시아 병사들에 비해,

종교적 소양이 얕은 일본 병사들은
정신력 측면에서 딸린다고
할 수 있겠습니다."

현생을
소중히~

저딴 드립을
실제로 보고서에
싸질렀다고?!

암튼 그렇게 다 둘러보니,
일본이 전쟁하겠다는 게
뻥카가 아니겠더라고요;

으으음;;;

일단 북만주라도
건지는 쪽으로
전쟁 계획 짜면서
협상 진행하시죠.

…아무래도
한반도 쪽은
접어야 되려나;;

미개한 쪽바리들 따위!
전쟁 나면 개마고원에
빨치산 게릴라 풀면 됨!
한반도 북부 절대 지켜!

베조브라조프

1903년 8월, 베조브라조프 실각.

으의아으아;;
폐하?!!?;;

사람 이름이
어떻게 브라…

같은 달, 일본 측의
제안서로 러·일 최종 협상 시작.

이거 결렬되면 이제
전쟁인 거 아시죠?

일단, 문명국가들이 막
남의 영토 병합하고
그러면 안 되죠!

■ 청과 한국의 영토주권 존중.
■ 한반도 연안에 군사기지 설치 금지.

(이건 만주 땅이나
마산 앞바다 먹을 생각
말라는 소리고…)

얼씨구;

■ 러시아는 한국에서 일본이 갖는 우세한 이익 인정하고,
■ 일본은 러시아의 만주 철도 경영 특수 이익 인정하기.

아, 일본 이익선
인정하라고~

(한국이 일본 이익선 內인데,
러시아는 만주에서
철도 이익만 인정?)

■ 그러한 이익을 위해 양국은
각자의 권역에 군대를 파병할 수 있다.

Manchuria

(So, 러시아는 철도 관련
문제에만 파병할 수 있고,
일본은 그냥 아무 구실로나
한반도에 파병할 수
있다는 거냐…)

■ 일본은 한국의 정치 개혁을 위해
군사상의 원조를 포함, 정부 각처에
조언, 원조를 행할 수 있다.

한국 정부 각처에
우리 고문 꽂고
컨트롤할 거임.
○○

아니, 이건 그냥
자기 하고 싶은 거
다 하겠다는
선언이잖아!!

어떻습니까.
이 정도면 합리적
제안이죠?

…■까라쇼!

제 17 장

최종 교섭

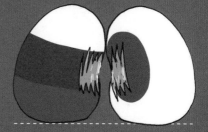

1903년 10월 1일,
러시아 측의 1차 피드백.

그쪽 제안서 조금
첨삭해봤습니다.

일단, 중국 영토 존중
어쩌고 하는 얘기는 삭제.

영토 존중
안 하겠다고?!

그리고 한반도에서 일본이
갖는 이권과 동급으로,

만주에서 러시아의
광범위한 이권도 인정.

Manchuria

만주는 일본의
이익 범위 밖임을 명시.

그리고 양측의 충돌 방지를 위해 한반도 39도선 이북~ 압록강 이남 지역을 중립 비무장지대로 설정할 것.

러시아 세력권

중립 비무장지대

39도선

일본 세력권

WHAT?!?

이건 로스께들이 만주는 지들이 다 처먹고 일본은 한반도 남쪽만 먹고 떨어지라는 소리죠.

그리고 앞으로 만주에 말 얹지 말라는 소리고…

그래도 어찌어찌 잘 협상하면 만·한 교환 성립으로 갈 수도 있을 것 같은데… 다시 제안서 써봅시다.

1903년 10월 30일,
일본 측 2차 제안.

일단 청과 조선 영토 존중 명시.

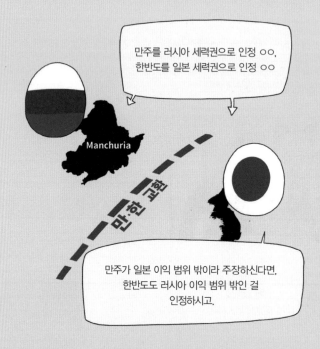

양측 충돌 방지를 위한
중립 비무장지대는

만주–한국 국경–압록강과 두만강
양안으로 폭 50km의
DMZ를 설정하기.

러시아 세력권

DMZ

일본 세력권

자연국경을
존중합시다.

일본 측의 저 제안을 접수,
처리해야 할 러시아 책임자들은—

아, 외교 협상인데 당연히
외무장관이 주관해야지요!

외무장관
람스도르프

극동 지역의 모든
행정, 군사, **외교**
업무는 극동총독의
총괄하에 놓여 있소이다.

극동총독 알렉세예프

234

이게 다 청일전쟁 이후
66함대 건설을 목표로
부지런히 노력해온 결과죠!

전함 6 장갑순양함 6

1895년 이후로 전노급 전함이
전 세계 해군의 새 트렌드가 되었고.
(Pre-dreadnought :
1906년 드레드노트급
탄생 이전의 전함)

장갑함의 중장갑,
모니터함의 대구경 함포,
순양함의 원양 항해성을
합친 신형 전함이올시다!

밀폐형 터렛,
12인치 2연장포.

기관부, 탄약고
방호 장갑!

3단 피스톤 왕복
증기 엔진!

1902년 이후로는
무선통신 장비까지 설비!

1897년부터 1902년까지 영국은
전노급 전함 6척을 건조해 일본 해군에 인도한다.

특별히 일본한테만
파는 거임. 요긴하게 쓰쇼.

팔아주셔서
아리가또!

기타 순양함, 구축함, 수뢰정들까지
66함대 완성에 총 2억 2천만 엔가량 소요.

1903년 대한제국
국가 예산이
약 500만 엔입죠…

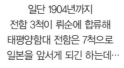

일단 1904년까지
전함 3척이 뤼순에 합류해
태평양함대 전함은 7척으로
일본을 앞서게 되긴 하는데…

그중에 일본 전노급 함들과 동급인 신형 함은
3척뿐, 나머지 4척은 구형이라 후달린다;;
유럽에서 추가 증원이 와줘야…

So, 일본과의 외교 협상은
극동에서 우리 군사력 증강을 위한
시간 벌기일 뿐!
전쟁은 무조건! 필연적으로
터지게 되어 있다!

이런 인간이 무슨
외교 협상 총책임자여!?
외무성이 맡아서 협상
잘할 테니 방해나 마쇼!

아, 근데 잠깐. 육군 의견도 좀 들어보시오.
내가 일본 출장 가서 다 보고 왔잖소이까.

일본군 의외로 잘 컸음.
한타 붙으면 우리가 불리함.

**전쟁성 장관
쿠로팟킨**

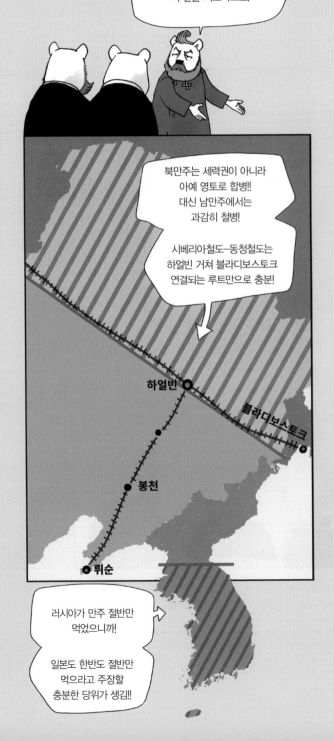

뭔 궤소리여!
이미 만주에 처바른
돈이 얼만데
절반을 포기해?!

만주 절반을 포기하면
국제사회도 러시아가
욕심을 버렸다고
칭찬해줄 것!

아, 다 꺼지쇼!!
외교관들이 숙련된
협상력으로 서희의
강동 6주 후리기 보여줄랑게!

수뇌부의 의견이 엇갈리는 동안
차르는 독일로 몇 주간
사냥 여행을 떠나 있었고.

그래서 12월까지
對일 피드백을
보내지 못했던 건가.

러시아놈들이 용암포에
포대 건설하고 대포
설치하려든다!!

그사이
1903년 10월부터
용암포 포대 위기 진행.

암록강

용암포

아, 아녀;; 이건
그냥 전망대요;;

용암포 위기를 두고
서울에서는 반려 여론이
부글부글.

로스께놈들이 압록강
다 처먹는다!

압록강

우크라이나 다음은
조선인가!!

정부도 러시아에
포대 건설 항의!

물론 러일전쟁 위기를 두고는 조야,
언론이 모두 한마음으로
전쟁에 휘말리지 않기만을
간절히 기도하고 있다.

제발 중립
ㅇ지!;;

기도 메타밖에
답이 없다;;

용암포에 병력
상륙시켜라!!!

점심은 뤼순에서!
저녁은 블라디보스토크에서!

일본에서는
1903년 하반기 내내
격렬한 대러 개전 여론 폭발!

대러 개전을 촉구하는
범국민 '대러동지회' 결성!!

정부의 대러 굴종 외교,
누가 책임지고
배 가를 거냐!!

의회에서도 모든 정당이
대러 개전 성토.

예, 예아~;
정부의 단호한
대응 기대합니다~;

헌정본당 당수 오쿠마

But, 이토 히로부미의 부사수인
사이온지로서는 정부를 너무
세게 비난할 수 없었다…

입헌정우회 당수 사이온지

전쟁 없이 굴복하는
결말이면, 당신 배때기
뚫리는 것이여!

전쟁 회피, 대러 교섭을 주장하던
이토에 대한 세간의 비난은
암살 위협에까지 이르고 있었고.

공로병 환자!
(러시아 공포증)

만·한 교환은 뭔 개소리!
만·한 둘 다 먹어야지!!!

아오, 그러면 니들이
전쟁터 나가든지!

명망 있던 민권 언론 《만조보》조차
대러 개전론으로 돌아서고.

국익 앞에서는
진보, 보수가
따로 없드아~

아, 진짜 뭔
쌉소리예!!

간판 기자였던
고토쿠 슈스이 등이 퇴사.

고토쿠와 사회주의자들은 평민사를 설립하고
1903년 11월 《평민일보》를 창간.

러시아가 바다 건너 쳐들어올까
걱정되니까, 우리가 대륙으로
쳐들어가자니;; 고라니 지능이냐?

이런 개똥 전쟁 다메다!

개전론의 열풍 속에서 비전론을 주창.

사촌 니키!
쪽바리들
박살 내버려!

1903년 11월, 차르는
독일 여행을 마치고
St.페테르부르크로 귀환.

…사촌이라기에는
좀 멀지 않나…

(니콜라이의 외고조할아버지가
빌헬름의 증조할아버지고,
빌헬름의 외고조할아버지가
니콜라이의 고조할아버지)

외무성과 극동총독부에서
일본에 보낼 피드백을 놓고
폐하의 조율을 바라고 있습니다만…

아, 뭐 지난번 피드백과
대충 동일한 내용으로.
만주 문제는 일본이 알 바
아니라는 걸 분명히 해두자고.

DA~!

1903년 12월,
한국 특사의 차르 알현.

특사 현상건   주러 공사 이범진

제 18 장

천붕우출?

이제야 좀 국론 통합!

조선 정치 전통의 당파라 할 만한 것들이 모조리 전멸한 광무개혁기(1899~1903).

당대 최고의 핵심 실세는 황제의 최측근 이용익!

정치 파워 게임은 이제 당파가 아닌 황제 측근 심복 라인을 통해 진행되었으니―

내장원경 이용익

폐하의 돈을 관리하죠.

이용익 라인은 주로 舊 황국협회 인맥.

홍 길 동

홍종우   길영수   이기동   이학균

이용익이 보부상 출신인지라, 보부상이 이쪽 라인의 주요 근위 세력이었지요.

이용익 세력을 견제하는
또 다른 측근 라인은
황제의 베리야– 이근택 라인.

경위원총관
이근택

공안 책임자로서
폐하의 적들을
추적하지요.

한성판윤   군부포공국장
주석면   권종석

이용익 라인과 이근택 라인을
오른팔과 왼팔 삼아
심복–측근 정치로
굴러가는 광무정권.

돈!   공안!

기존 양반 사대부 정치가
아닌 보부상 출신 능력자가
캐리한다!

…아니, 난 무과
급제 출신인데;

얼굴마담으로
전통적인 정승·판서
대감 나으리들이
필요하죠.

물론 옛 시절 조정 대신들도
아직 의정부에서 권위를 보이고 있고.

김가진   심상훈   이근명 등등

민씨 집안 **민 Youngs**도
실세 귀족 집단으로서 한자리씩 차지.

민영준   민영소   민영환   민영찬   민영철

그렇게 정국은
대충 3개 세력으로
굴러가고 있는데.

이용익派가 너무 강해서
이근택派는 조정 대신들과
연합 전선을 형성하곤 했죠.

이용익 무리와 이근택 일당은 격렬한 권력 다툼으로
쌍방 혐오, 원한을 쌓아갔고.

1902년 유길준 쿠데타 음모,
이근택이 놓쳤죠?!

이용익이 엄귀비 마마를
양귀비라고 드립 침!

서로 권총 꺼내 들고
총격전 직전 상황까지
가기도.

뭐, 똘마니들 충성 경쟁-
대립 붙이기는 제왕학의
기본 중의 기본이죠.

쟤들
매관매직!

아니, 니들이
매관매직!

그런데 이제 닥쳐올 러일전쟁을
앞두고 쟤들이 제대로 된 대응책을
내줬으면 좋겠군요.

일단 황제가 일본을 극혐하니,
모두가 '친러'를 기본 베이스로 깔고.

향후 전쟁에서
중립을
견지해야 합니다!

러시아와 **동맹** 맺고
러시아군을 들여
일본의 침공을
막아야 합니다!

이용익 : 중립론

이근택 : 한러 동맹론

중립은 무슨 '나 중립이오' 하면 일본놈들이 '하이, 와까리마스' 하고 안 쳐들어올 줄 아시오?!

일본이 러시아와 싸우려면 한반도 점거가 필수인데, 중립 어쩌고 신경이라도 쓰겠소?!

중립 쌩까고 쳐들어올 일본군은 중립 선언서 종이 쪼가리로 막음?

그래서, 새롭게 징병제를 시작해보면 어떨까 합니다!

일단 먼저 보부상 인원들에게 총 나눠 주면 6만 병력이 뽕~ 하고 나타나지요!

이기동   길영수

시종무관 현상건(28세)

명망 높은 역관 가문 자제로
불어, 영어, 노어에 능통한
현상건은 1903년 10월
황제의 밀사 역할을 맡아 유럽行.

그렇게 차르를 알현하고
러시아의 지도를 청하게 된다.

1. 한러동맹 : 동맹 맺으면, 일본군이
한반도 먹으러 올 경우 러시아 군대가
격퇴해줄 수 있나요?

일단 한러동맹은 무리.
우리 군 작계는 만주에서 싸우는 거라서,
한반도까지 들어가서 싸울 수 없음요.

군사전략뿐 아니라
외교적으로도 한러동맹은
좋은 수가 아니에요.

하라쇼!
러시아 편으로
참전이다!!

한러동맹 시, 일본의 한반도 침공에
명분을 더해줄 뿐임.

옳거니!!
러시아 똘마니,
당당하게 응징!

여기선 중립이
그나마 최선의 수.

세계 여러분!! 잘 좀 보시오!
중립이오! 중립!!

일단 한국이
어느 편도 들지 않겠다고
세계에 선언한 이상,

무작정 한국을 점령하는
일본의 행태는
이쪽에 명분적 우위를
가져다줄 것.

아이고, 동네 사람들!
쟤, 분명히 누구 편도
안 들겠다고 선언했는데,
저 깡패놈이 다짜고짜
밀어버리네요!!

문명의 시대라는
20세기가 약하면
그냥 먹혀도 할 말
없는 야만 세상이오?!

So, 한국에는
중립을 적극적으로
권해드립니다.

Peace

…결국
러시아가 실질적으로
도움 될 일은 아무것도
없다는 거군요.

1904년 1월,
시베리아철도를 통해 귀국한
현상건은 황제에게 보고.

러시아군은 작계상
압록강 못 건넌답니다.

일본의 점령을 피할 순 없겠지만,
그나마 중립 선언해놓는 게
좋을 거라는데요?

하; 로스께놈들, 지들
전쟁 불똥으로 민폐
작렬하면서 도움은
개코딱지만큼도
안 되는구나…

ㅎㅎ; 중립 선언
잘 전파되도록
최선을 다해
돕겠습니다요~

어쩔 수 없지.
중립이다!! 중립!!!!

파블로프 공사

결국 이거밖에
답이 없는 거죠.

뭔, @$#%@!;;
러시아놈들, 한반도에
병력 못 들인다고?!

그래서 결국 중립 선언밖에
수가 없다고?!

이근택은 크게 당황.

*ㅅ$%비!@
나라 망했다;;;

개전과 함께 서울에 들어올
일본군을 막을 방도가 없으니,
일본군 서울 입성과 동시에
친러파인 나는 실각하겠지;

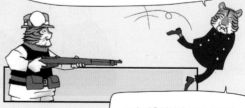

혹여 하늘이 도와 일본군이 안 쳐들어온다 해도,
이용익派의 보부상 무장 계획 같은 게
진행될 것이고,

그리 이용익派가 무력까지 다
차지하면 이근택派는 결국 다
숙청당하겠지;;

군부대신 민영철   외부대신 서리 이지용

일본 공사 하야시 곤스케

(어휴, 저 깡패 쌔퀴;)

(어떻게 나라 이름이 '쟤 팬')

으음;; 내로남불들이 심하구먼.

가장 좋은 건 한국이 일본의 **동맹국**으로서 **자발적**으로 한반도 이용에 **협조**해주는 것이지요!

예, 예아~!;;

예아~! ㅎㅎ 동양 형제단! (표정 관리해라)

그리되면, 일본군의 서울 입성과 함께 러시아 앞잡이인 이용익派는 싹 다 숙청!

일본 라인을 탄 이근택派가 익·택 대전의 최종 승자가 될 수 있습니다!

아니, 뭐 당장은 그런 그림이
나올 수 있겠지만…

만약 결국 최종적으로
전쟁에서 러시아가
승리할 경우에는?

일본군이 쫓겨난 후에
폐하께서 피의 심판을
행하실 텐데;;

일본 앞잡이놈들
오체분시 ㄱㄱ!

…이 전쟁
일본이…

이겨요…!

하야시 공사가 포섭 공작금으로
뿌린 수만 엔의 현금이 믿음을 주는 데
큰 도움이 되었다고.

한국 각계 인사들을 참관 초빙해드렸습니다~

1904년 1월,
용산 주둔 일본군 병력 850명이
동계 연습 행사 진행.

이거, 뭐;;
사실상 무력시위
아닌감;;

아니,
아무리 무력으로
겁박해도;;

이근택

전쟁 터지면 한국이
일본의 보호 아래 들어간다는
안을 폐하가 받으실 리가;;

아아,
폐하를 설득할 만한
딜을 제시해얍죠.

폐하께서 거부할 수
없는 제안을 드리겠습니다.

헐?!?!

…이거라면
가능할지도?!

폐하~ 일본 측의 〈한일맹약〉
제안에 이런 진정성이
있음을 살펴주시옵소서~

1월 중순,
일본 측에 포섭된 이근택 무리가
황제에게 일본의 제안을 상신.

이리 개소리 지껄이라고
하야시한테 돈 얼마
받아 처먹었는고?

이근택   이지용   민영철

아니, 일단 제안 내용
한번 보시면…

!!?!!?!!
옳크?!!

일본 체류
한국 망명객들
송환?!?

을미사변 터지기 전부터
계속 망명 중임;

당시 일본에 체류 중인
한국인 망명객들은
박영효를 필두로—

박영효의 심복들

박영효   신응희   정난교

대원군 할아버지
이래로 온갖 임금 교체
음모마다 항상 후보로
올라 있었으니, 아직 목이
붙어 있는 게 기적이죠.

황제의 조카 이준용도
계속 일본에 머물고 있었고.

영선군 이준용

262

을미사변 공범
우범선과 이두황.

뭐, 일본인에게 글씨 써주고,
여자도 사귀고 하면서
그냥저냥 적응해
살고 있습니다.

뭐?! 여자가
있다고?!

아관파천 때 RUN한
갑오파 인사들.

유길준   장석주   조희연

아니, 근데 솔직히
우리 갑오파는 저 위의
진짜 역적들에 비하면
순한 맛 아님요?

…길준 씨는
일본에서 맨날 쿠데타
음모 꾸미고 있잖음…

만민공동회 사태 이후,
수구파 대신들 암살 계획 짜다가
일본으로 도망간 만민공동회 장두들.

아니, 솔직히 일본의
조선인 망명객 중
역적 아닌 건 우리뿐이지.

고영근   최정덕

그중 1898년 황제 양위 음모로
일본으로 튀었던 안경수는—

거, 공정한 재판
받게 해줄 테니
귀국하쇼.

아, 폐하의 너그러운
아량에 감사드리며
그리운 고국으로…

1900년 1월,
귀국한 안경수는 바로 교수형.

공정하게
역적 처리.

…우리 임금을
믿은 내가 ㅂ#S이네요;

으아아아아;;;

귀국하면
무조건 죽는다;;

재일 조선인 망명객들 패닉.

대한제국은 줄기차게 망명객들
송환을 일본에 요청하고 있었고,

일본은 이를 협상
카드로 만지작.

거, 우리 역적들
돌려보내쇼!

불쌍한데~
어쩔까나~

음,,,
아무래도
불안한데;;

일본 국내 여론이라는 게 있는데
설마 일본놈들이 우리 죽으라고
서울로 돌려보내겠소?

1903년 11월 24일, 고영근의 우범선 살해는
그런 분위기 속에서 이루어진다.

우리라니!?
만민공동회 장두인 내가
우씨 같은 진짜 역적과
세트로 엮일 순 없지요!

큭, 내 목숨값
비싸게 받으시오;

아오! 이제는 우리가
일본行 망명객 될
판국이에요!!!

살려주쇼!!

쩝… 폐하께서
사극 드라마 개념 임금
흉내를 내시는군요…

…결국 플랜 B로 가는
수밖에 없을 것 같습니다.

ㅇㅇ

완력으로 서울 확보하고
전쟁 시작하는 게
원래 계획이었으니까,
크게 바뀔 건 없소.

예정대로 러일전쟁 발발 시
대한제국의 중립 선언서를
세계 각국에 발송하라!!

이걸 북쪽 전신선을 통해 러시아발로 배포하면 너무 러시아 개입 냄새가 날 거고,

1904년 1월 18일,
프랑스 공사관의 도움으로
작성된 중립 선언문.

남쪽 전신선을 통해 일본 경유하면 일본놈들한테 인터셉트당할 것이니…

러시아 군함편으로 즈푸의
프랑스 영사관으로 배송.

순양함 바랴그

이 중립 선언문은 1904년 1월 21일,
즈푸 프랑스 영사관에서 상하이 전신망을
통해 전 세계로 배포된다.

동네 사람들!
러일전쟁 터질 경우
한국은 중립입니다!!

약소 중립국이 전쟁에
짓밟히지 않도록
존중해주세요!!

BUT

놀라울 만큼,
그 누구도 관심을 주지 않았다.

　· · · · ·

함께 계획한 러시아만이
중립 지지를 표명,

불쌍한데
사정 좀
봐주자!

일본은 당연히 쌩깠고.

느그 외교 공작인 거
훤히 다 보인다!!

영국과 미국은
그냥 수신 확인만 했고.

읽음 표시. ㅇㅇ

러시아의 동맹국인
프랑스 외교관들이
도운 중립 선언문이지만,
프랑스는 제 코가 석 자.

어, 음,
극동의 평화를
바랍니다;;

원, 안타까운
사정 이해합니다.

독일과 벨기에는 호의적인
립 서비스를 해줬지만
진지하게 검토해주진 않음.

미국의 이러한 행태에
주미 러시아 공사가 항의.

거, 미국이 중국의 중립은
인정하면서 한국의
중립을 인정하지 않는 건,

러시아 공사 카시니 백작　　　국무장관 헤이

러시아는 중국 땅 먹으면 안 되고
일본은 한국 먹어도 된다는
노골적인 일본 편들기잖소?!

거, 아마추어같이
징징거리지 맙시다.

아무튼 일본은 1월에 러시아에 마지막 제안서 발송.

이게 진짜 마지막입니다?
이거 러시아가 안 받으면
전쟁입니다?!

○○;;

지난번 제안서랑 딱히
내용 바뀐 것도 없는데
받을 리 없겠지;;

그런데 이 최후의 순간에 영국 외무부가
살짝 톤 다운을 주문했다는 이야기도.

1904년 1월 13일,
일본 측 최종 제안 전달.

이게 진짜 라스트 최종 파이날
확정 시마이 불가역 디엔드 끝장 막장
최후 제안서임.

아니, 이 제안서 지난번이랑
똑같이 중립 비무장지대 두지 말고
일본이 한반도
전체 다 먹어야 한다는 내용인데,
검토하고 자시고 할 게 있음?!

극동총독
알렉세예프는
사직서 제출.

아오, 어차피 터질 전쟁.
질질 끌기나 할 거면
난 사표 낼랍니다.

아, 그냥 북만주만
먹고 끝내자고요.

일본놈들 배후에는
국제 유대인 세력의
음모가 있다!!

전쟁성 장관 쿠로팟킨   내무장관 플레베

이 전쟁… 해도 되나;;
곧 아들이 태어날
예정인데;;
불길하게 전쟁이라니;;

수뇌부의 의견이 어지러운 가운데
차르는 결정을 내리지 못하고.

아, 좀! 원래 외교라는 게 벼랑 끝에서 대타협이 이뤄지기도 하는 거라고요!!

일단은 외교적 대화를 계속 이어나가자는 어필을 포기하지 않는 게 중요함!

외무장관 람스도르프

아, 39도선 이북 중립 비무장지대는 포기 못 하는데…

외무장관이 뛰어다니며 수뇌부 의견을 가까스로 조율.

그 부분을 일본이 못 받겠다는 거니까, 일단 '중립'은 빼고 완곡하게 '완충'으로 문구를 바꿉시다.

그렇게 가까스로 2월 4일에 답신을 보낼 수 있었다…

FAX

쿠와아

설마 이래도 결국 전쟁이라면;;

하, 빨갱이들 시위도 점점 격해지는데, 전쟁은 무슨 놈의 전쟁…

1903년의 바쿠 유전 대파업 이래로 러시아 전국에 각종 파업과 시위 격화.

하지만 일본은 러시아 측 답신을 수납하지도 않고 씹는다.

이딴 말장난 받아줄 시점은 지난 것 같네요.

그 시점에서 일본군은 이미 육해군 전력을 작전 개시선으로 이동 중이었으니.

한반도 상륙 병력, 수송선 탑승 지점으로!

연합함대는 사세보에 집결!

2월 4일의 어전회의에서 폐하의 성단으로 개전이 정식 결정될 것이다!

제 2 0 장

개전

1904년 2월 4일,
어전회의에서
對러 개전 확정.

대화로 풀어보려고
최대한 노력했고
최후까지 인내했으나,

러시아의 태도는 그저
아국을 농락하는 것이었으니,
작금의 정세에 이르러
달리 취할 방도가 없다.

하지만, 솔직히 좀 쫄림;;;
전쟁 발리면 어캄?

"이번 전쟁은
짐의 뜻이 아니다."

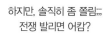

어, 음;; 소신들은 일단
다 배 가르고, 폐하께서는
어느 절로 들어가실지…

2월 6일, 연합함대 & 분함대 출항.

연합함대 사령장관
도고 헤이하치로

연합함대 본대는 뤼순의
러시아 태평양함대 잡으러 가고.

인천행 전대는
서울 제압 병력 호위.

부산행 전대는
한반도 남해안 요지 점령.

러일전쟁 시작을
부산 사람들이 세계에서
제일 먼저 알게 되네예;;

2월 6일, 아침 부산에
일본 함선 3척 입항.

이때 부산에서의 러시아 상선 나포가
이 전쟁 최초의 군사 행위.

뭐, 선전포고도 없이
나포질이여?! 해적이냐?!

왜구라고
들어보셨나.

상륙한 일본군은 부산, 마산, 진해의
전신국과 요지 점거.

아니, 러시아랑
전쟁한다는 거 아니었음?;;
여기는 왜;;

아, 이건 그저 한국 관민에
대한 전시 보호 조치일 뿐이니
안심하시고, 방해하면
다 죽여버린다.

동시에 서울 방면
전신선들을 절단.

조선놈들이 러시아랑
연락하는 건 곤란하지.

순식간에 한반도 외부로 통하는
통신선들이 싹 다 일본군에 장악당하지요.

2월 6일, St.페테르부르크에서는
구리노 공사가 일본의 국교단절 통보.

흑흑; 죄송합니다. 폐하;
어떻게든 잘해보려고
했는데… ㅠㅠ

근데,
사람 성씨가
어떻게 구리노;;

駐러 일본 공사 구리노

278

이게 국교단절이지
아직 선전포고는 아니니까?

2월 8일, 어전회의에서
러시아 수뇌부는 여전히 전쟁 회피
희망 회로를 돌리고 있었고.

현재 일본군의 작전도
한반도에서만 행해지고 있고;

일단 일본군의 군사 행동이
한반도 39도선 이하에서만
행해진다면, 이는 일본이
우리의 39도선 제안을 암묵적으로
인정한다는 신호일 수 있어요.

근데 일본놈들이 총구를 들이미는
상황이니, 39도선이 아니라
38도선을 넘는 군사 행위에 대해
전쟁 도발로 간주합시다.

38도선

그렇게 St.페테르부르크는 일본의 38도선 이북 군사 행동 이전까지는 전쟁 상황이 아닌 걸로 합의.

현지 지휘관들은 이를 유념하고 일본군에 섣불리 선제 대응하지 말도록.

38도선은 뭔 6·25냐?! 진주만 안 봤음?! 지금 일본 함대가 뤼순 기습하려고 전속 항진 중일 텐데! 뭔 아직 전쟁 아님 어쩌고 개소리여?!

ㅇㅈ

이 안이한 상황 판단에 해군에서는 바로 비판이 나왔으니.

과학자 마카로프 제독   마카로프 제독 부인   마카로프 부인 내연남 로제스트벤스키 제독

뤼순의 태평양함대 바로 출격시켜서 요격하든가! 안전한 내항에 싹 다 벙커링 하든가!! 명령해야지!!

해양 과학자로 이름 높은 나님은 해군 전술 분야에도 뛰어난 통찰력으로 전 세계 해군의 베스트셀러 《해군 전술론》을 펴냈지요.

마카로프 제독의 《해군 전술론》은 일본 해군 장교들에게도 필독서였다고요~

와, 천재다~

280

2월 8일 오후, 인천 앞바다에 일본 순양함 5척과
병력 2200명을 태운 수송선 3척 출현.

몬가;; 몬가
시작되고 있어;;

이에 인천항에 있던 러시아 포함이
항구를 벗어나려 하자,

히히
못 가~!

!

일본 함선들이 어뢰를 발사.

으아아아!
미친놈들이 중립국
항구에서 어뢰 쏜다!!

러시아 포함은
함포로 반격하며 항내로 후퇴.

이것이 이 전쟁 최초의
교전 비스므리한 행위겠군.

한편 뤼순에 St.페테르부르크의 '아직 전쟁 아님' 지시서가 전달되고.

이게 뭔 개소리여?!

봉천

베이징

텐진

의주

뤼순

평양

극동총독 알렉세예프

일본놈들이 한반도 호로록 하는 건 봐준다는겨?! 차르 쫄?!??!

아무튼 그런 이유로, 아직 전쟁 아니라는 게 정부 지시다.

근데 혹시 일본놈들이 몰래 여기 기습할 수도 있지 않을까요?

태평양함대 사령관 스타르크 제독

흠? 그게?

류순의 러시아군이
대책을 강구하던
2월 8일 밤.

일본 연합함대는 이미 류순 앞바다에 도달.

다롄

류순

야음을 틈타 일본 구축함 전대가
류순 외항으로 접근.

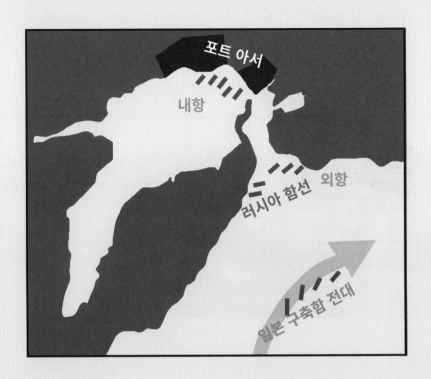

구축함 전대,
어뢰 전 탄 발사!

1904년 2월 8일
23시 30분.

일본 구축함 10척이
16발의 어뢰를 발사.

쑤가불랏?!!?!

전함 2척 좌초!
승무원 15명 전사!

이건… 이제 확실히
전쟁인 거 맞지?ㅠㅠ

어, 일본군 쳐들어오면 러시아 공사관으로 피신할 수 있을까요?

예전에 쓰던 방 있는데;;

야, 저 이제 러시아 공사관은 상하이로 철수하게 되는지라;; 빈집 될 테니까 쓰셔도 되긴 하는데;;

하, 러시아놈들은 튄다고 하니;; 어떻게, 프랑스 공사관에 혹시 남는 방 있을까요?

(절.대.안.됨.)

아, 그, 저희 공사관이 이번에 세스코 훈증 소독 작업 주간이라, 1달은 사용할 수가 없는지라;;

굽씨의 오만잡상

개인적으로는 일본이 받아들인 근대 문물 중 영국 냄새가 가장 진한 3가지로 '경마', '위스키', '추리소설'을 꼽을 만하다고 생각합니다.

일본 최초의 경마는 1860년 요코하마의 외국인 거류지에서 행해졌는데, 1866년 막부는 아예 그곳에 경마장을 지었습니다. 일본인들이 주최한 최초의 경마는 1870년 야스쿠니신사에서의 봉납 경마였고요. 오늘날 일본 경마는 세계 최대 규모로, 관련 문화도 크게 흥하게 되었습니다.

흑선 내항 때 페리 제독이 막부에 선물한 위스키가 일본에 들어온 최초의 위스키라고 하지만, 아마 그전에도 나가사키의 네덜란드 상관을 통해 위스키를 맛본 일본인들이 있었을 겁니다. 메이지 시대에 수많은 가짜 위스키가 제조되었는데, 메이지 말기에 이르러 진짜 위스키를 향한 관심이 커졌습니다. 결국 다이쇼 시대에 스코틀랜드 유학을 다녀온 다케츠루 마사타카(竹鶴政孝)와 기업인 도리이 신지로(鳥井信治郎)가 1924년 야마자키증류소(山崎蒸溜所)를 세우고, 1929년 최초의 일본 위스키인 '산토리 위스키'를 생산했습니다. 1934년에는 다케츠루가 스코틀랜드와 비슷한 풍토를 가진 홋카이도에 요이치증류소(余市蒸溜所)를 세우고 '닛카 위스키'를 생산했고요. 이후 발전을 거듭한 산토리와 닛카가 오늘날 일본의 양대 위스키 브랜드로 위명을 떨치며 애주가들의 높은 평가를 받고 있습니다.

추리소설과 관련해서는, 메이지 시대에 우후죽순 등장한 신문과 잡지들이 해외 추리소설을 번역해 지면에 싣고 있었습니다. 1887년 소설가 아에바 고손(饗庭篁村)이 《모르그가의 살인 사건》을 번역한 게 최초의 추리소설 번역이라고 합니다. 하지만 본격적인 추리소설의 인기는 1888년 구로이와 루이코(黒岩涙香)가 《르루주 사건》을 번역해 소개함으로써 시작되었다고 여겨집니다. 《만조보》를 창간한 저널리스트 구로이와는 당시 서양의 인기 소설들을 공장처럼 빠르게 번역하고 지면에 실어 엄청난 인기를 끌었습니다. 《레미제라블》《철가면》《달 세계 여행》《타임머신》 등이 그의 번역을 통해 일본에 소개되었지요. 구로이와 본인도 작가였는데, 그가 1889년 발표한 단편소설 《무참》이 일본 최초의 창작 추리소설로 인정받고 있습니다. 이처럼 일본인의 추리소설 사랑은 메이지 시대부터 각별했던지라, 1887년 연재가 시작된 '셜록 홈스' 시리즈가 1894년 이미 일본에서 번역되어 소개되었지요. 이후 다이쇼 시대에 등장한 에도가와 란포라는 중시조를 통해 크게 흥한 일본 추리소설은 오늘날 실로 경외할 만한 유니버스를 이루고 있습니다.

서양에서는 영국의 추리소설이 크게 흥하고, 동양에서는 일본의 추리소설이 크게 흥한 것을 보면, 뭔가 이 두 섬나라… 나라 자체가 섬이라고 하는 대형 '클로즈드 서클(closed circle)'인 건 아닐까 싶기도 합니다.

제 2 1 장

선전포고

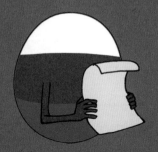

1904년 2월 9일,
일본군 선발대 인천 상륙.

입국 신고요. 인원 2500명,
목적은 관광 및 군사작전.

이때 러시아 순양함
바랴그와 포함 1척이
인천항 탈출 시도.

뭐, 일본님들, 서울
관광 잘하시고~

유 쉘 낫 패스!!

일본 함선 9척의 포격을
두들겨 맞고 자침.

깎!!

살아남은 러시아 장병들은
영국 함선에 구조되어 수용.

와, 우리 팀이긴 하지만
일본놈들 좀 더럽네요;

인천항의
서양 각국 함선 함장들은
연명 항의문을
일본 함대에 전달.

거, 선전포고도 아직 안 나왔는데,
교전 지역으로 설정되지도 않은
중립 항구 내에서 이런 행위
유감이외다.

어이, 일본 친구!
신사답게 전쟁해!

2월 9일 당일, 경인선 열차를 타고
일본군 선발대 2500명 서울 입성.

성문과 역,
전신국 등 요충지 접거.

왜놈들은 뭔가 일이
터지면 서울은 무조건
점령하고 보는구나;;

곧바로 하야시 공사가
황제 알현.

계속 알현 거절하시길래
이번에는 군사를 조금
대동해 왔사옵니다～ㅎ

…역대 일본 공사들
Shit 랭킹에서
미우라 다음 순위로
넣어드리리다.

에이, 그래도 도망 안 가신 걸 보면
내심 좋게 좋게 가자는
뜻이 있으신 듯요?～ㅎ

하, 이 상황은
어쩔 수가 없는 게…

거, 왜 도망 못 간겨?!
or
왜 맞서 싸우질 못해?!

물리적으로 도망갈 만한
각이 안 나왔다고요.

일본군이 움직인다는 뉴스를
들은 지 하루 만에
인천에 상륙했으니.

이걸 바로
도망간다고 해봤자~

마차 타고 평양
행궁으로 ㄱㄱ!!

서울 주둔 일본군에게 이미 감지되어
바로 따라잡힐 거고.

평양도 며칠 내로 따일 건데
뭘 이리 번거롭게시리… ㅉㅉ

혹여 맞서 싸운다는
결정을 한다면~

서울의 시위대, 친위대, 호위대 합쳐
1만 병력으로 왜적에 맞서
결사 항전한다!!!

설사 패망하더라도
후손들에게 부끄럽지 않은
최종장을 남기리라!!

진심 총력전 모드인
일본군 본대에 하루 컷,
서울 불바다行일 터.

난징 대학살 프리퀄로
서울 대학살인가.

내 시체를 받아줄
선비는 없는 것이냐?!

그리되면 한국은 얄짤없이
러시아 동맹 취급, 점령지行.

한반도 진입 불가
방침을 정한 러시아는
전혀 도움 안 될 거고…

군사적 점령지로서
확 병합해도 누가
뭐라겠는가?!

일본의 군사적 점령 과정에서
수십만 명이 죽을 수도.

아무튼 도망이건, 저항이건
일단 황위는 무조건
교체임.

퍼

So, 저런 막장 루트들보다는 지금 이 상황, 한·일 양측 모두 합의하에 좋게 좋게 진행된 일— 이라고 눙치고 넘어가는 게 베스트이옵니다요~ㅎ

…ㅇㅇ;;

자, 이 상황을 이제 공식화하도록 합시다~

하, 정국이 이리 뒤집히네요~ㅎㅎ

그리하여 이지용, 이근택 등 친일파가 득세해 일본과의 공식 협정을 추진하게 된다.

외부대신 이지용   궁내부 특진관 이근택

일본이 한국을 '보호'하며, 한국은 일본에 '협조'한다는 내용으로.

창덕궁을 주한 일본군 사령부로 삼는다.

2월 17일에는 12사단 본대 1만 7천 명이 서울 입성.

тем временем
(Meanwhile)
1904년 2월 10일, 러시아가
일본에 선전포고.

일본놈들한테 선빵
처맞고 선전포고 하는 거니까,
우리가 Good guy다.

"…일본의 도전,
받아주마."

오이 오이;;
大러시아제국의
진심 모드냐고;;

이거 조금
위험할지도;;

하, 근데 일본놈들이 저 정도로
미친놈들일 줄이야…;
돈도 없는데 귀찮게 되었군;;

그래도 전쟁 터진 덕분에
긍정적인 부분도 있습니다요.

296

극동총독
알렉세예프

어이, 어이, 빠지긴 어딜 빠져?! 뤼순 지키시오! 뤼순!!

극동총독인 내가 극동의 모든 러시아군 최고 명령권자야!!

아, 뭐, 뤼순은 그쪽에서 알아서 잘하시고.

(쿠로팟킨은 절대 자기가 알렉세예프의 지휘를 받는다고 생각하지 않았다)

과학자 제독의 지략을 보여주세요!

해군에서는 태평양함대 지휘를 위해 마카로프 제독을 뤼순으로 파견.

· · · · ·

거, 일단 가긴 가는데, 발틱함대로 꼭 갱 보내주셔야 합니다?!

ㅇㅋ
ㅇㅋ

해군장관 알렉세이 대공
(차르 삼촌, 횡령범)

その間(Meanwhile)
1904년 2월 10일, 일본도
러시아에 정식 선전포고.

한국의 독립과 안위는
제국의 존립에 직결되는
문제이기에!
전장에서 결착 내자!

섬 인종들이
미쳤네;; ㄷㄷㄷ

…일본군 전쟁 총감독은
이 몸이 맡게 되었고요.

육군 참모총장
오야마 이와오
(사이고 다카모리의 사촌 동생)

이 전쟁의 핵심은 결국 철도!
시베리아철도로 이어지는
만주 동청철도의 주요 기점
제압이 메인 퀘스트다!

이를 위해
3개 군이
만주로 진군!

하얼빈

블라디보스토크

봉천

다롄
뤼순

1군

2군

3군

한반도로부터
1군 약 5만 명.

쟝허로
2군 약 5만 명.

다롄으로
3군 약 5만 명.

4군

이어서 대기하던
4군도 뒤따를 것.

그렇게 4개 야전군 전체가 만주로
넘어가면 '만주군'으로 타이틀 달고,

나는 만주군 사령관을 맡고…
고다마 씨가 만주군 참모장
맡아 보좌해주쇼.

아, 예;;

참모차장
고다마 겐타로

대만 총독 겸
내무대신 고관대작
라이프를 즐기다가
징집당함.

만주에서 그리 작전하려면
바다를 통한 수송, 보급이 필수!
해군이 뤼순의 러시아 함대를 어떻게
잘 처리해줘야 하는데…

철도 연결된 다롄항을
주요 보급항으로
활용해야 함.

다롄
뤼순

경부선은 아직
공사 중이다.

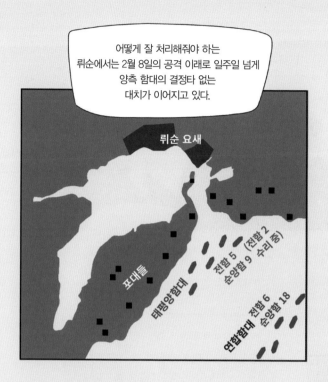

어떻게 잘 처리해줘야 하는
뤼순에서는 2월 8일의 공격 이래로 일주일 넘게
양측 함대의 결정타 없는
대치가 이어지고 있다.

뤼순 요새

포대들

태평양함대

전함 5 (전함 2 수리 중)
순양함 9

연합함대 전함 6
순양함 18

이렇게 하염없이 시간만 까먹다가
러시아 본토에서 발틱함대가
도착하기라도 하면 GG인데;;

태평양함대

연합함대

발틱함대

ㅎㅎ!
뒤치기다!

타임 어택인가;;

먼저 뤼순의 태평양함대를
움직이지 못하게 무력화시킨 후,
발틱함대 도착을 대비해야
하지 않겠습니까?

아니, 그러니까
그걸 어떻게;;;

그것은 바로 **길막!**

태평양함대를 뤼순 내항에 몰아넣고
저 좁은 길목을 막아버리면!

**작전참모
아키야마 중령**

그대로 태평양함대와
뤼순항은 무용지물이
되어버립니다!

!!

제 2 2 장

〈한일의정서〉

1904년 2월 23일, 서울에서 〈한일의정서〉 체결.

외부대신 이지용   일본 공사 하야시

이야, 한일동맹 든든합니다!!

▶ 한·일 양국의 친교와 동양 평화 어쩌고저쩌고··· 한국은 일본의 개혁 권고를 받아들인다.

改革

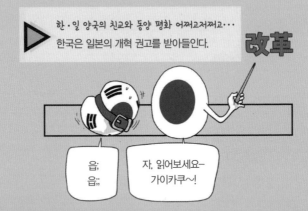

읍;
읍;;

자, 읽어보세요~ 가이카쿠~!

▶ ···일본은 한국 황실을 우대하고 안녕을 보장한다.

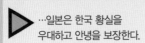

황ㅋ제 폐하, 모셔는 드릴게.

·····

일본은 한국의 독립과 영토 보전을 보장한다.

아, 진짜 이 약속 어기면
도쿄 불바다 천벌 받기로
맹세함.

 …한국의 변란 시, 일본은 한국의
안위를 위한 군사적 조치 등을 행하며,
이를 위해 한반도 內 필요한 땅을
수용해 사용할 수 있다.

아, 군사기지
필요하다고.

…이 경우 한국은 일본에
충분한 편의, 협조를 제공한다.

철도도
필요하고.

 …이후 한국은 일본의 승인 없이 본 조약에
위반되는 타국과의 협약을 체결할 수 없다.

이제부터 얘,
내 따까리니까
찝쩍대지들 마쇼.

○○, 한국이 일본 보호국 되었구먼.

일본놈들이 결국 중립 약소국을 지들 보호국으로 따먹은 거잖아!!!

뭘 이해하고들 z#$ㄹ이여!!

국제사회는 이 〈한일의정서〉를 한국의 일본 보호국行으로 이해.

이와 함께 정권은 친일파가 장악.

박대감께서도 우리 편 하시우다.

옳ㅋ~

참정대신(진) 민영철

군부대신(진) 이근택

일본 공사 이지용

외부대신(진) 박제순

친러파 거두 이용익은 일본으로 강제 시찰 파견.

아니, 납치; 읍읍;;

거, 쉽게 쉽게 좀 갑시다.

이용익 라인의 **홍.길.동.**
모두 실각, 서울에서 추방.

후, 독립협회 까부실 때가
제일 화려한 시절이었구먼…

홍종우   길영수   이기동

…을미사변 때도
도망치고, 이제 또
도망이라니;;

이학균과 현상균은 미국 함선을
타고 상하이로 RUN.

. . . .

이때 현상건이 황제의
상하이 비밀 계좌 OTP를
받아 갔다는 이야기가…

이 상황에서는 왜놈들한테
뜯길 터이니, 자네가 일단
계좌 관리하고 있게.

일본이 패배해서
물러가든가 하면 다시
돌아오도록 해.

일본놈들이 이기면
어떡하죠?

…그때부터는
저항 자금이다…

이 〈한일의정서〉 체결에 일단 지식인들은 민감하게 반응했는데.

《황성신문》

아, 내가 한국 보호해준다고~!

이게 그 제국주의 국가들이 식민지 집어삼키기 전 단계인 '보호국'이로구나!!

음, 보호해준다니, 괜찮은 거 같은데…

러시아놈들보다는 그래도 같은 동양인에 문화적으로 통하는 일본이 낫겠죠?

국내 여론은 이때까지만 해도 딱히 일본에 아주 적대적인 분위기는 아니었으니.

러시아놈들은 한반도 남북 분할안 제시했다던데;;

압록강

일단 이때까지 러시아의 압록강 침탈, 용암포 조차 사건 등으로 계속 강력한 反러 여론이 대세였던지라.

으어! 러시아가 우리 땅 먹으려든다!

물론 이는 일본 측에서 꽤 노력해 조장한 부분이지요.

러시아가 땅미새다!!

《한성신보》

만·한 교환론도 한반도 분할안도 다 러시아 주장이다!

짜요~!

간바레~!

만주와 한반도에 손대는
러시아에 맞서는 일본!
일본을 응원하는 중국과 한국!

We are The
동북Asia!

일본이 동양 대표로 나서서
러시아에 맞서 싸우고!
한국과 중국이 마음으로 함께하니!

심지어 황해도의
안중근 청년 같은 이도-

안중근(25세)

이는 실로 동양 천하의
자주와 자존심을 건 문명 전쟁!
일본을 지지하지 않을 수 있겠는가!

-라 할 정도로
이런 인식이
광범위하게
퍼졌지요.

만주에서는 중국 마적단이 관의
비호하에 러시아 측 전신선을 끊거나
보급고를 터는 등의 게릴라 활동을
벌이고 있다!

마적단장 장작림

근데 사실 일본 쪽
보급고도
안 턴 건 아니죠~ㅎ

…국내 일본 호감도가 역대 최고치에 이른 이 시점…

슬슬 일진들이 나설 타이밍일까요?

윤뭐병 형제

일진회

이용구   송병준

…한국 문제는 일단 이렇게 대충 정리되었고요.

국운을 건 전쟁 와중에 그나마 좋은 소식일세…

향후 더 확실한 보호국化를 위한 진행 일정을 마련해놓았습니다.

대한시설강령

곧 한국의 외교, 재정, 통신, 교통을 모두 일본 측 고문이 주도적으로 관할토록 조치하는 것입니다.

오야가 알아서 다 해줄게~

(―라는 내용의 〈한일협약〉까지 앞으로 6개월)

312

일단 한국 정부는
〈한일의정서〉에 따라
일본군의 전쟁 수행에
협조하게 되고.

보급 및 수송 협조를 위해
물자와 인력, 선박을
제공합니다;;

배달의 민족 이름값
믿어보겠시마스.

그나마 군사 내어서
참전하라고는 안 하니
다행이네;;

But, 이용익 라인이었던
간도 관리사 이범윤 같은 이들은
정부의 방침을 씹고
러시아군과 협력하기도.

일본에 협조라니 뭔 개소리야?!

K-북부대공의 매운맛을
보여주마!!

한편 1904년 2월 27일, 평양 근교에서
러시아군 정찰대와 일본군 선발대가 조우해
최초의 지상 교전이 벌어졌고.

압록강 이남에서는
싸울 필요 없지.
ㅌㅌ

카자크 기병이
도망친다!!

여기서부터 본격적으로
압록강 너머로 진공한다!

1904년 3월 1일,
1군 병력 4만 5천 명이
남포에 상륙해
평양을 1차 기지 삼는다.

1군 사령관 구로키 다메모토 대장

뤼순에서는 항구 폐색 작전을 모색 中.

저 뤼순항 입구의
가장 좁은 지점은 폭이 320미터!

배 몇 척만 거기에 제대로 가라앉히면
그대로 길막! 기도폐색! 장폐색!

내항의 함선들은 나오지 못하고,
외항의 함선들은
탈출 시도 중에 각개격파!

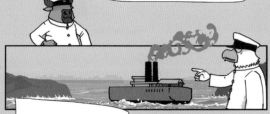

1898년의 미서전쟁 때, 미군이 쿠바의
산티아고데쿠바 항구 입구에
석탄 운반선을 가라앉혀
폐색 작전을 진행했죠!

제가 관전 장교로 가서
두 눈으로 똑똑히
봤슴요!

실 패

아니, 근데 그 작전은
폐색선이 만 출입구에
직각으로 침몰하질
못해서 실패했잖나?;;

But, 2021년 수에즈운하 길막 사건!
단 한 척의 배로 세계 최대 운하
폐색에 성공했지요!

마침 일본 배였다죠.

그리하여 2월 24일 새벽,
노후 수송선 5척이 뤼순항 입구로 몰래 잠입.

위치에 도달하면 배 바닥
마개 뽑고 튀면 됨.

Easy~

뭔 근자감으로
안 들킬 거라
생각한 거지?!?

But, 러시아군 서치라이트에 발각.

아, 저걸
생각 못 했네.

거, 밤에는
잠 좀 잡시다!!

해안포대의 격렬한 사격이 쏟아지고.

폐색선들은 만 입구에 도달하지 못한 채
모두 침몰 & 자침.

하; 이거 사람 없이
오토 파일럿으로 안 되나?

폐색은 뭐,
폐급 색기냐?!

뭐, 첫트는
과학인 거죠?

그렇게
1차 폐색 작전은 실패.

하, 일단 로테이션으로
인천 가서
정비 좀 하고 오자.

이후 3월 7일, 신임 태평양함대 사령관
마카로프 제독이 뤼순에 착임.

우라~!

우라~!

세계적 셀럽
과학자 제독이라니,
우라우라하구먼!

ㅎㅎ～ 역시 이 전쟁은
우리 해군이 캐리해야 하지
않겠소? 쿠로팟킨 놈이
나서기 전에.

아, 예;;
뭐…

극동총독 알렉세예프

황실 친분빨
귀족 금수저 똥별…

ㅎㅎ～ 쪽바리 함대가 몇백 척이
몰려와도 다 이 뤼순 콘크리트
요새에 코 박고 뒈질 전쟁입니다～

뤼순 요새 사령관 스테셀 중장

발트 귀족
땅개 똥별…

지난번 폐색 작전 시도에서 엿보이듯,
일본놈들의 목표는 뤼순항 태평양함대의
움직임 차단이다.

우리가 나오지 못하게 항구 입구에 기뢰를
잔뜩 뿌리고 다시 폐색 작전에 나서겠지!

하면, 우리도 적극적으로 나가서
일본 함선들의 봉쇄 시도를
어그러뜨려야 한다!

이를 위해 우리도
기뢰 살포!!

이 싸움은 기뢰
농사 싸움이다!

헤헤전 마인 깔기 벌쳐 싸움!

굽씨의 오만잡상

"사해는 모두 동포처럼 여겨지는데
어째서 풍파는 이리 요란하단 말인가"

"よもの海みなはらからと思ふ世に
　など波風のたちさわぐらむ"

이는 러일전쟁 개전 직전, 메이지 천황이 남긴 와카로, 그가 마음속으로는 전쟁을 바라지 않았다는 근거로 인용되곤 합니다. 그리고 37년 후, 손자인 히로히토 천황이 태평양전쟁 개전을 결정한 어전회의 때 이 와카를 그대로 읊조렸습니다. 이 또한 그가 전쟁을 바라지 않았다는 근거로 말해지곤 하지요.

그런데 저 와카를 '모두의 바다에 러시아라는 못된 풍파가 요란하다'는 뜻으로 해석해, 딱히 평화를 바라는 의미가 아니었다는 소수설이 존재합니다. 아울러 러일전쟁 개전 때 메이지가 지은 와카를 히로히토가 다시 인용했다는 것은 (과거의 전쟁처럼) 태평양전쟁 또한 승리하리라는 기원의 의미였다고 해석되기도 합니다. 사실 정말 전쟁하기 싫었으면, 대놓고 "나는 반대일세"라고 얘기하면 되었을 것을 말이죠. 물론 일본이 '공기를 읽어라'가 중요한 사회인지라, 천황마저 대충 공기를 읽고 분위기에 맞춰가야 하는 부분이 있었겠지만 말입니다.

이 와카는 러우전쟁 국면에서 다시금 주목받기도 했으니, 2022년 우크라이나 정부가 SNS의 공식 계정에 히틀러와 무솔리니, 히로히토를 함께 담은 영상을 공개했다가 일본인들에게 엄청난 욕을 들어 처먹었습니다. 그러자 주일 우크라이나

대사관에서 히로히토가 언제나 세계
평화를 소망했음을 잘 알고 있
다고 사과하며 저 와카를 게시
했던 거지요. 뭐, 저마다 궁지에
몰린 곤란한 상황이 있는 거겠지
만…, 거참, 허, 허, 허;;

제 2 3 장

운7기3

1904년 봄, 만주군 사령관 쿠로팟킨은
병력 물량 모으기에 진력한다.

개전 시점, 만주에 배치된 병력
10만 명으로는 절대 못 이긴다.

시베리아 군단 싹 다 불러 모으고,
유럽 쪽에서도 끌어모아야 함.

그런데, 이게 유럽에서 시베리아철도 타고
만주까지 오는 데 걸리는 시간이 예상 외로 길다.

모스크바에서 다롄까지
넉넉하게 6주 잡고 가야 함;;

시,베,리,아 철도

이론상으로는
2주 컷 가능하긴 한데;;

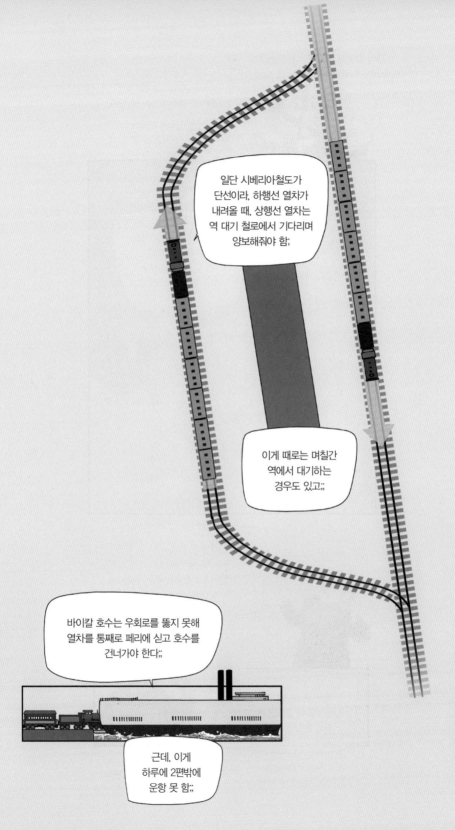

그리 막히는 열차를 타고 봉천에
도착하는 병력은 1달에 2만 명 수준.

이걸 어떻게든 늘려 물량
모을 때까지는 철저하게
짱박혀서 수비하는 게 상책.

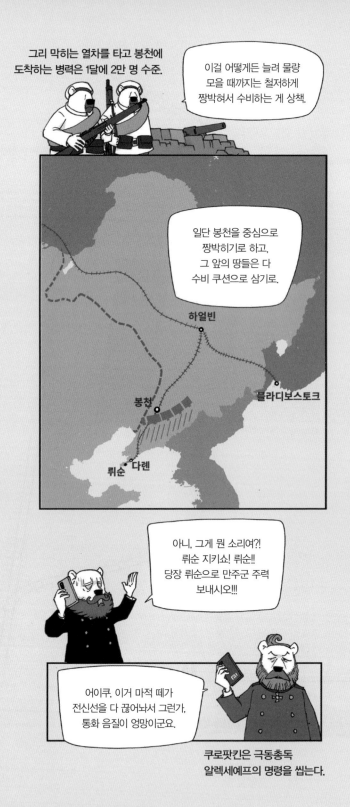

일단 봉천을 중심으로
짱박히기로 하고,
그 앞의 땅들은 다
수비 쿠션으로 삼기로.

하얼빈

봉천

블라디보스토크

뤼순 • 다롄

아니, 그게 뭔 소리여?!
뤼순 지키쇼! 뤼순!!
당장 뤼순으로 만주군 주력
보내시오!!!

어이쿠, 이거 마적 떼가
전신선을 다 끊어놔서 그런가,
통화 음질이 엉망이군요.

쿠로팟킨은 극동총독
알렉세예프의 명령을 씹는다.

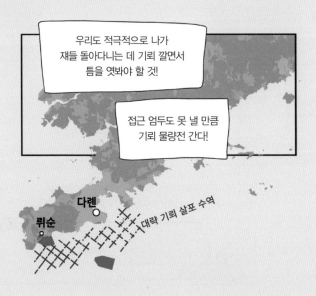

우리도 적극적으로 나가
쟤들 돌아다니는 데 기뢰 깔면서
틈을 엿봐야 할 것!

접근 엄두도 못 낼 만큼
기뢰 물량전 간다!

다롄

뤼순

대략 기뢰 살포 수역

뤼순과 다롄 앞바다 곳곳에
수천 개의 기뢰를 부설하다가
기뢰 부설함이 촉뢰 침몰하기도 하고.

마인은 벌쳐에
반응 안 하는 거
아니었나?!

서로 기뢰를 어디에 깔았는지
까먹기도 하고, 기뢰들이 폭풍에
떠내려가기도 하고…

기뢰 매설 작전 중 조우한 양측
구축함들 간의 소규모 교전 빈발.

와라
쪽바리들아!!

니가 왜!!

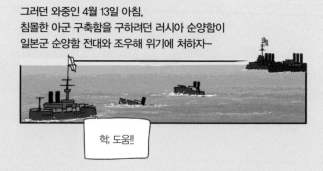

그러던 와중인 4월 13일 아침,
침몰한 아군 구축함을 구하려던 러시아 순양함이
일본군 순양함 전대와 조우해 위기에 처하자ㅡ

헉; 도움!!

ㅇㅋ, 전함으로 위엄을
보일 타이밍이다!

근처에 있던
마카로프 제독이
기함 페트로파블롭스크를
이끌고 기동.

하지만 적 본대와
마주치는 건 아직 때가 아니지.

오전 9시 반경,
다시 뤼순항으로 변침.

그리고 오전 9시 42분.

눈먼 기뢰에 닿은 전함, 굉침.

마카로프 제독은
승무원 600여 명과
함께 전사한다.

마카로프 제독의 전사와 기함 침몰에
뤼순 전체 멘붕.

이, 이건
모랄빵이다;;

총독 알렉세예프는 이에 직접
함대 지휘를 맡으며 명하길—
(함선 탑승은 안 함)

함대 전체, 안전한
뤼순 내항으로 피항!

발틱함대 올 때까지
무기한 짱박힌다!!

뤼순 내항

태평양함대는
내항으로 모두 철수하고.

일본군을 상대하는 건
해안포대들이 전담하게 되었죠.

기세가 오른 일본군은 5월 2일,
12척의 선박으로 3차 폐색작전을 실시—

돌격!!!

…하려고 했지만 악천후로 취소—

…하려고 했지만, 명령을 수신 못 한 8척의 폐색선이 뤼순항 입구로 돌진.

5월 3일 새벽, 해안포대에 두들겨 맞고 입구 근처에도 못 간 채 모두 격침당한다.

전사 90여 명;

그런데 알렉세예프의 함대 출동 중지 명령 때문에 러시아 함선들이 항구 밖으로 나오지를 않으니,

삼세번 성공 좋았쓰!!

결국 될 때까지 꼴아박으면 다 되는 법이라니까요!

러시아 함대를 묶는 데 성공했으니, 이제 다롄 방면에 우리 군을 상륙시킬 수 있다고 보고하도록!

연합함대 측은 이 3차 폐색 작전을 성공으로 착각한다.

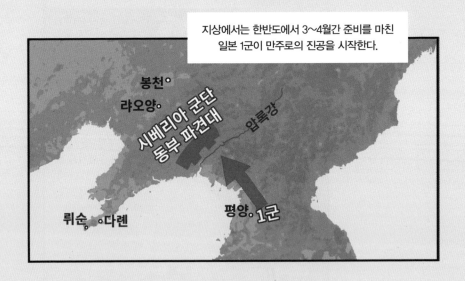

지상에서는 한반도에서 3~4월간 준비를 마친 일본 1군이 만주로의 진공을 시작한다.

압록강에 수비선을 친 러시아군 병력 약 2만 4천 명.

이를 건너려는 1군 병력 약 4만 2천 명.

도하 작전의 기본은 미끼 놓기지!

1군 사령관 구로키 대장

흠, 쪽바리들이
어디로 건너오려나~

동부파견대 사령관
자술리치 중장

러시아군

위화도

단둥

일본군

일본군은 4월 말부터
단둥 방면에 부교 설치와
정찰 행동을 실시.

아, 역시 단둥으로 건너온다!
도로도 잘 닦여 있고, 창고도 많은 데로
오려고 하겠지!! 단순한 섬 촌놈들 ㅋㅋ

러시아군 야포
약 200여 문.

주력, 포병
다 단둥에
배치하도록!

위화도

단둥

로스께놈들 단둥에 싹 다 몰려옴.

한편 일본군은 현지 정보원들을 통해 이미 러시아군의 배치와 전력을 모두 꿰차고 있었고.

굿잡.

4월 30일 새벽, 일본군 주력이 일제히 위화도 방면에서 압록강을 도하.

거, 압록강 건널 때는 위화도 루트가 국룰이라는 걸 양놈들은 몰랐는갑네~

위화도

단둥

허약한 러시아군 좌익을 때려 부수며 내려오기 시작.

일본군이 북쪽에서부터
내려옵니다요!!

어어;
양동작전 아닐까;;

아니, 옆구리 이미
다 뚫렸다고요!!!

위화도

단둥

일본군은 러시아군의
퇴로 차단을 목표로
밀고 내려오고.

일본군이 가져온
200여 문의 야포도 방열.

일본군의 최초 자체 설계
무연화약 야포
31년식 75mm 속사포.

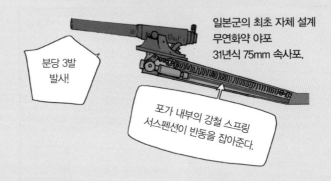

5월 1일 오후,
러시아군 패주.

자술리치가 후퇴를
망설인 바람에 러시아군은
2172명의 사상자를 내고,
야포도 모두 상실한다.

일본군 사상자는
1129명.

이 전쟁 최초의 승리는
1군이 가져갑니다!!

오늘 저녁은
사슬릭이다!!

러시아놈들 거품
다 빠졌쥬?!

러시아군이
일본군한테 졌어?!

이 압록강 회전의 결과에
국제사회도 충격.

만 단위 지상군 전투에서
도하 작전, 포격전, 기동전으로
서양 군대가 동양 군대에 처발림?!

하, 로스께놈들…
믿을 놈들이
아니었네…

그리고 덕분에 돈줄 숨통도
좀 트이게 되죠;;

굽씨의 오만잡상

이시카와 다쿠보쿠(石川啄木)의 마카로프 제독 추도시.

···폭풍아, 잠잠해라, 어둠 속에서 치는 그 날개여,
밤의 외침도, 거친 해안의 검은 해류도,
파도 속에 가득한 귀신들의 울부짖음도,
잠시 그 소리를 멈추어라.
수많은 적군도 아군도 그대의 창을 내려놓고,
이제, 큰 물소리 속에 내가 부르는
마카로프의 이름 앞에 잠시나마 고요해지리라.
그를 가라앉힌, 천고의 파도가 미쳐 날뛰는,
초승달이 멀리 비추는 뤼순항 저 너머에서···

···嵐よ黙せ、暗打つその翼、
夜の叫びも荒磯の黒潮も、
潮にみなぎる鬼哭の啾々も、
暫し唸りを鎮めよ。
万軍の敵も味方も汝が矛地に伏せて、
今、大水の響に我が呼ばふ
マカロフが名に暫しは鎮まれよ。
彼を沈めて、千古の浪狂ふ、
弦月遠きかなたの旅順口···

쓸쓸, 냉소, 위트, 회한, 엄살 등등 다채로운 감정의 깊은 골을 따 내려갔던 천재 시인 이시카와.
패한 이들에게 깊이 공감했던 그는 한반도 병탄과 안중근 의거에 대해서도 연민 어린 문구를 남
긴 바 있지요.

338

제 2 4 장

억까

1904년 5월,
1군은 압록강을 건너
만주로 진입 중.

뒤이어 2군의 요동반도
상륙이 진행된다.

아, 근데 해군 아저씨!
병력 수송선이 요동반도로 가도
안전하나요? 러시아 함선들
안 나올까요?

읭, 뤼순항 폐색 성공해서
러시아 함선들 못 나와요! (아님)
안심하고 ㄱㄱ

그렇게 5월 5일부터
뤼순에서 약 100km 떨어진
안다오 해변에 2군 병력
3만 8500명 상륙 시작.

청일전쟁 후
10년 만에 다시
돌아온 요동반도!

10년 전처럼
학살 같은 건
하지 말라해~

으어어어?!?
일본군 요동반도 상륙으로
뤼순 방면 러시아군은
반도에 다 갇히는 그림인가?!

봉천

1군

2군

평양

뤼순 고립!

비트게프트 제독! 뤼순에 태평양함대 계속 짱박혀 있다가는 지상, 해상 양면으로 모두 고립되어 말라 죽을 각이니까

반드시 뤼순에서 함대 빼내서 블라디보스토크로 탈출시키도록 하시오.

어… 각하께서는?

본인은 폐하께서 긴히 호출하셔서 St.페테르부르크로 가야 하니, 돌아올 때까지 뤼순 잘 지키고 있도록.

. . . . .

알렉세예프는 출구가 닫히기 전 마지막 기차 편을 타고 본국으로 RUN한다.

태평양함대를 맡게 된 비트게프트 제독은─

으음;; 블라디보스토크로 탈출하려면 일본 연합함대의 봉쇄망을 힘으로 뚫고 가야 할 터인데…

힘싸움에 나서야 할 전함 상황이;;

태평양함대 7척의 전함 중,

페트로파블롭스크는
마카로프 제독과 함께 폭침.

전쟁 첫날 기습 어뢰 공격으로
배때기 뚫린 체사레비치와
레트비잔은 현재 열심히 수리 中.

그리하여 현재 가용 전함은 4척.

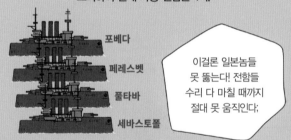

포베다

페레스벳

풀타바

세바스토폴

이걸론 일본놈들
못 뚫는다! 전함들
수리 다 마칠 때까지
절대 못 움직인다;

이 와중에 블라디보스토크의
분견대가 열심히 어그로
끌어주고 있으니
그나마 다행이랄까…

WIS
DOM 블라디보스토크 순양함대!

4월 26일, 신포 앞바다에서 수송선 긴스마루를 임검해 198명의 일본군을 포로로 잡아 데려간다.

블라디보스토크 수용소에서는 밥으로 킹크랩 준다던데.

항복을 거부한 100명 중 46명은 격침된 긴스마루와 함께 사망, 54명은 어찌어찌 다른 선박에 구조됨.

저리 미쳐 날뛰는 블라디보스토크 순양함대를 잡기 위해 연합함대는 6척의 순양함을 떼어 2함대를 편성해 동해로 보내야 했다…

하, 가뜩이나 쪼들리는 판국에;;

연합함대도 뤼순항 폐색이 성공이 아니었다는 걸 알게 되지요.

하라숑~?

뤼순의 러시아 함선들은 다시 슬금슬금 기어 나와 기뢰를 뿌리고 있었으니.

으어; 요동반도로 향하는 수송선들이 위험한 형국이었구먼;;;;

에잇!
뤼순 앞바다 철통 봉쇄를 위해
영국제 전함의 위엄을 보여라!

가랏!
전함 하츠세! 야시마!!

진저우

2군

연합함대
투묘지

다롄

뤼순

5월 15일,
전함 하츠세와 야시마를
중심으로 한 1전대가
뤼순항 봉쇄를 다지기 위해
패트롤.

5월 15일 오전 11시,
전함 하츠세 촉뢰.

앗; 따가워!

얼ㅋㅋㅋ
눈 감고
다니낡ㅋ

인명 피해는 없었으나 기관부 손상.

오전 11시 반,
전함 야시마도 촉뢰.

으윙?!

엉ㅋㅋ
니나 잘해라
ㅋ

인명 피해는 없었으나
큰 구멍으로 대량 침수.

으어으아;;?!?!

12시 반,
예인을 꾀하던 하츠세의
두 번째 촉뢰.
이번에는 화약고가 터진다.

하츠세는 그대로 폭침!!
승조원 495명 전사!

야시마도 결국 복구에 실패하고
총원 퇴함 후 저녁 무렵 침몰.

ㄲ아아아악'?!?!?!?!

이, 이거 러시아놈들이
잠수함으로 어뢰
쏜 거 아닐까요;;

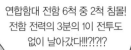

연합함대 전함 6척 중 2척 침몰!
전함 전력의 3분의 1이 전투도
없이 날아갔다!!!?!?!?

이건 무슨
개억까여?!!?!?

하츠세

야시마

이제 남은 전함은
4척뿐!

미카사

시키시마

아사히

후지

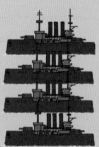

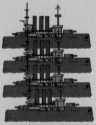

뤼순 태평양함대의
전함 4척과 동률이다!!

아니지, 저놈들은
전함 2척 수리 중이니까
곧 6척이 될 텐데!!!

더 강력한 발틱함대는
손 떨려서 계산에
넣지도 못하겠다!!!

이거, 꼬라지를 보니
해군 단독으로는 뤼순항과
태평양함대 제압이
어렵겠구먼;;

2군은 예정대로
만주로 향해야 하니,
뤼순을 육지에서
제압하기 위해 3군을 빨리
뤼순 방면에
보내야 합니다.

봉천

1군

2군

뤼순

3군

일단 당장은 뤼순 공격을 위한
발판 마련을 위해 뤼순 가는
길목의 진저우성 공략.

5월 25일, 2군이
진저우성 점령.

하지만 러시아군의
주 방어 거점은
이 낡은 중국 성채가 아니라,

2군

진저우

남산

다롄

뤼순

진저우성 남쪽 언덕의
남산이었던 것.

남산을 중심으로 동시베리아 4사단
1만 7천 병력이 방어선을 쳤는데.

뤼순 방면 러시아군
전체 병력은
5만 명에 달했지만,

남산 쪽에 병력 다 몰아넣었다가
일본놈들이 갑자기 인천상륙작전식
뒤치기로 뤼순 치면 큰일 나니까,
군 주력은 뤼순에 남겨둬야 함.

뤼순 방면 지상군 사령관
스테셀 중장

4사단장 포크 소장

1군이 압록강에서
러시아군 처발랐으니,
우리 2군도 뭔가 보여줘야제!

저 한 뼘짜리 언덕,
걍 점프 한 번 뛰어서
바로 점령해버려라!

2군 사령관
오쿠 야스타카 대장

5월 26일 아침,
일본군 3만 5천 병력이
일제히 공격 시작.

이대로 뤼순까지
쭈욱 밀어버리면
3군이 할 일이
없겠는데?

다브로 빠잘라바찌(welcome)!
쪽바리!!
유럽 선진 전쟁이 뭔지
찌끔만 맛봐라~!!

남산 고지를 수비하는
5연대 병력 3천 명은
참호에서 기관총으로 대응.

5연대장
트레티야코프 대령

끄아아악?!?

이, 이것이 20세기의
전쟁인가!!

5연대 3천 병력은 일본군 3만 병력의 공세를
한나절간 성공적으로 격퇴했는데.

5월 26일 저녁,
남산의 5연대를 제외한 러시아군 병력 일제히 후퇴.

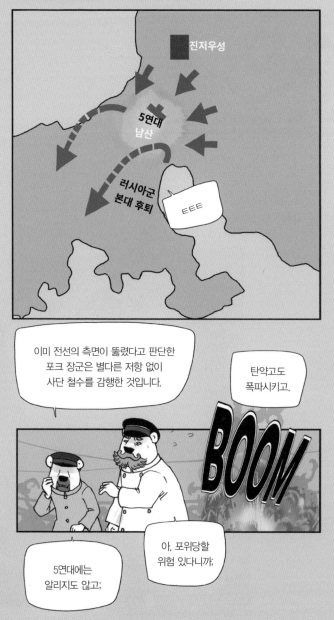

크아악!!! 포크 이 섀퀴 포크로 대갈통을 따주갔어!!!

결국 남산의 5연대는 저녁 늦게 큰 피해를 보며 후퇴하게 된다.

그렇게 남산 전투는 일본군의 승리로 끝나긴 했지만~

이, 이겼닭; 오늘 저녁은… 못 먹겠어;;;;

이 작은 언덕을 점령하는 데 사상자가 4900명이나 나다니;;;;

전사 746명, 부상 4160명.

쏜 포탄이 청일전쟁 때 사용한 전체 분량에 버금간다죠;

2군 군의부장 모리 린타로

그 사령관은 **노기 마레스케** 장군이 맡게 된다.

굽씨의 오만잡상

박경리 선생이 유일하게 읽을 만한 일본인 작가로 평한 메이지 시대의 대문호 모리 오가이(森鷗外). 그의 본업은 군의관으로, 그 최고봉인 군의총감-육군성 의무국장에 오른 거물이었습니다. 러일전쟁에는 2군 군의부장으로 출정했지요. 그런데 이 전쟁에서 모리의 실책으로 비판받는 것이 보리밥 거부에서 비롯된 각기병 참사입니다. 당시 육군에서는 병사들에게 흰쌀밥을 배식했기에 비타민B 부족으로 각기병이 창궐하게 되지요. 아직 비타민의 존재가 알려지기 전이었지만, 해군에서는 전통적 경험에 따라 보리밥을 배식해 각기병을 획기적으로 줄였습니다. 하지만 육군은 과학적 근거 미비와 병사들의 사기 문제를 내세워 보리밥 대신 흰쌀밥을 고집, 러일전쟁 중 약 2만 7천여 명이 각기병으로 사망하는 대참사가 벌어졌습니다. 2군 군의부장이었던 모리 또한 여기에 책임을 져야 한다는 것이죠. 예하 사단 군의관들이 보리밥 배식을 건의했지만, 모리가 이를 묵살했다고 하니 말입니다. 하지만 사실 당시 모리의 직급은 육군 전체의 배식 방침을 결정할 수 있는 위치가 아니었고, 이미 흰쌀밥으로 채워진 보급 체계에 갑자기 대량의 보리밥을 추가하는 게 무리였다는 의견도 있습니다. 무엇보다 흰쌀밥 먹으려고 군대 왔다는 병사들에게, 전쟁터에서 보리밥을 강요한다면 사기 저하가 우려될 수밖에 없었겠지요. 그냥 보리밥이 아니라 한국식 보리 비빔밥이었다면 맛있게 먹었을 텐데 말입니다.

제 2 5 장

히타치마루
사건

남산 전투 후
곧바로 다롄도 2군에 의해
무혈점령되고.

진저우

2군

뤼순

다롄

3군

6월 8일, 노기 장군의
3군 사령부가 다롄에 도착.

3군 사령관 노기 대장

아드님의 명예로운
전사에 깊은 경의와
위로를 전해드립니다.

2군 사령관 오쿠 대장

감사합니다…
전사는 군인의
호상이지요…

358

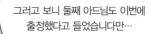

그러고 보니 둘째 아드님도 이번에 출정했다고 들었습니다만…

사령부에서 곁에 두시면 든든하실 것인데…

…초임 소위는 야전으로 가야죠.

이제 뤼순은 3군에 맡기고, 2군은 만주 깊숙이 북상!

봉천

2군

3군

1군

뤼순

한편 뤼순을 탈출한 알렉세예프는 봉천의 총사령부에 난입.

극동총독으로서 명하건대, 당장 전군을 동원해 요동반도로 진군해 뤼순과 태평양함대를 구원하시오!!

극동군 총사령관 쿠로팟킨

아, 진짜 map 좀 보면서 겜 하시죠!! 저 요동반도 포켓으로 군사 들이밀면 갇혀서 다 죽을 자리구멘!!

극동총독과
극동군 총사령관이
멱살잡이하며
격론을 벌이고.

결국 St.페테르부르크의
개입에 따라―

슈타켈베르크 중장

360

3만 병력을 이끌고 출격하는 슈타켈베르크 장군은
여러 지병으로 몸이 성치 않은 상태였던지라,

제대로 된 음식을
먹을 수가 없음;

우유죽 먹고 약 드실
시간이에요.

부인이 우유 공급용
젖소를 끌고
전선까지 따라와
수발을 들었다고.

러시아군은 요동반도 중앙 와팡구의 득리사역을 방어 거점 삼는다.

잉커우

단둥

시베리아 1군단 3만

득리사

2군
3만 6천

다롄

옛날에 득리사라는 절이
여기 있었다고 한다…

러시아군은 최신예 76.2mm M1902
속사포 90문을 최초로 실전에 투입.

응,
일본군은 75mm 속사포
200문 가져옴.

6월 14일,
일본군의 공격 개시 포격은
러시아군을 압도.

그리고 안개를 틈탄 우회기동으로
러시아군의 우익 측면을 파고들어
포위 시도.

컷, 무리다;

6월 15일 저녁, 러시아군은 폭우를 틈타 전면 후퇴.

무리하지 말자;;

4천여 명의 사상자를 내고
야포 대부분을 상실한다.

크앗!! 뭐냐!! 이 졸전은!!!
일부러 이러는겨?!?

뭐, 병력과 화력 다 열세인
상황에서 분전했구먼.

일단 몸 잘 챙기고…
제수씨한테 잘하고…

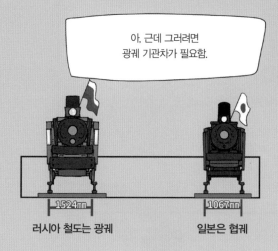

러시아 철도는 광궤   일본은 협궤

일본에서는 광궤 기관차를 쓰지 않기에,
외국에서 구입해
만주로 들여오기로 했는데.

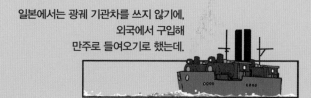

그것은 계속 활발하게 작전 중인
블라디보스토크 순양함대의
성과였다랄까요~!

베조브라조프 제독

블라디보스토크

6월 15일,
3척의 순양함대가
현해탄에 도달.

일단 이날 아침 9시,
요동에서 일본으로 돌아가던
수송선 이즈미마루를
덮쳐 83명을 포로로 잡고.

와, 집에 다 와서
해적질을 당하네;;

오전 10시, 1근위연대 본부 병력을 싣고 일본에서
요동으로 향하던 병력 수송선 히타치마루 발견.

으악?!

어떻게
배 이름이
ㅎㅌㅊ

항복하고 얌전히
나포딩하세요~

ㅇㅇ,
백기를…

ㄴㄴㄴ!!!
근위연대가
포로가 된다는 건
아니 될 말!!

켐벨 선장

근위 1연대장
스치 대령

1100여 명의 병사가
러시아 순양함을 향해 소총 사격.

항복은 황군 자격
상실이야!!

투탕
투탕
타다당

순양함의 포격으로 영국인 선장과 승무원들 사망,
스치 대령 등의 장교진은 불타는 선내에서 자결.

15시, 히타치마루 침몰.
1091명 사망.

비슷한 시각, 수송선 사도마루가 도망치다가 어뢰에 피격.
(광궤 기관차와 철도 부대 싣고 요동으로 가던 중)

함이 가라앉기 시작하자
수뇌부는 전원 옥쇄를 결의.

포로가 되느니 다 같이
현해탄 멸치 밥이나 됩시다.

봐줬다~!

하지만 러시아 함대가
일본 함대의 출현을 우려해
급속히 자리를 이탈함에 따라―

엥? 그냥 가는데?

안 죽어도
되겠네…

사도마루에서는
263명이 사망하고
993명이 생존한다.

기관차들은 몽땅 다
용궁에 납품하게 되었지만…

이 히타치마루 참사가
일본 국내에 알려지자

병사 1300명이 이리 허무하게
물고기 밥이 되었다고?!

이게 맞아?!?

만주에서 싸우다 죽었으면
억울하지라도 않지!!!

여론은 분노에 휩싸이고.

수송로 경비를 맡은 2함대 사령관
가미무라 제독에 대한 비난 폭주.

러시아놈들이 현해탄까지
내려올 동안 뭐 했냐?!!

핑 안 봄?!

할복으로
책임져라!!

가미무라 제독 자택에 돌,
오물을 투척하고 방화 시도.

아니; 진짜; 아오;; 안개 낀 동해 바다에서 순양함 3척 찾기가 쉽겠냐고요;; 개억울!!

빨리 명예 회복 하셔야겠습다;

2함대 사령관 가미무라 제독

한편 6월,
3군은 뤼순 20km 내 지점까지 진출.

3군

다롄

뤼순

3군 사령관
노기 대장

3군 참모장
이지치 코스케 대령

총사령부에서는 아직 뤼순 공략에 대한 명확한 명령이 내려오질 않았습니다만…

뭐, 해군의 정식 요청을 받아 체면 싸움에서 이기고 가겠다는 거지.

이 뤼순은 10년 전 청일전쟁 때
내가 사단장으로서 직접 지휘해
단번에 공략 성공했던 곳.

그 손맛, 그대로
재현해보자고.

제26장

천리장성이
무너져요

5월의 압록강 전투 이후, 1군은 북진을 계속.

7월 10일, 첸산산맥을 넘는 고갯길인 마천령에 이르렀다.

옛날 고구려 천리장성이 이 첸산산맥을 따라 있었다지.

1군 사령관 구로키 장군

일본군은 바로 마천령 점거.

이 요충지를 이리 쉽게 내준다고?

아, 문경새재 같은 거였나;;

동부파견대 사령관 켈레르 장군

7월 13일, 켈레르 장군은
2만 5천 병력으로 마천령 탈환을 시도.

사실 이 좁은 고갯길로
일부러 유인한 거다!

일본군의 눈먼 포탄에
켈레르 장군 전사,

BOOM

이에 러시아군은 쭈욱 후퇴한다.

이래도 이 전쟁이
러시아 억까가
아니라고?!

2군도 요동반도에서
동청철도를 따라 북진 中.

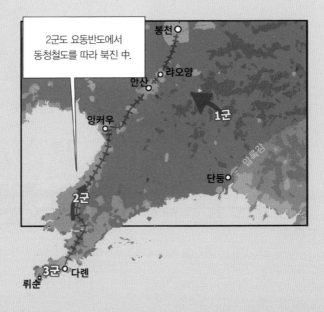

봉천

랴오양

안산

1군

잉커우

압록강

단동

2군

3군 다롄

뤼순

**2군 사령관
오쿠 장군**

그리 열차를 밀고 끌며
7월 24일 2군 병력
6만 4천 명이 다스차오 도달.

봉천

라오양

안산

1군

잉커우

다스차오

2군

압록강

단둥

3군 다롄

뤼순

거, 이리 아픈 사람까지
전쟁터에 끌고 오다니;

…옮는 병 아니죠?

으어~

다스차오의
러시아군은
2개 군단 6만 명.

시베리아 3군단장
자루바예프 장군

시베리아 1군단장
슈타켈베르크 장군

이곳 방어선은
철조망에 지뢰까지
깔아뒀지요.

헤딩 환영!

7월 24일 밤~25일 새벽,
일본군의 야습이
어느 정도 성과를 거두지만.

강력한 방어선에는
일단 야습이지!

러시아군의 맹렬한 포격에
1천여 명의 사상자를 낸다.

어이쿠야!

흠, 이 정도면
버틸 수 있을 것
같기도 하고…

…무리요;;

거, 무더위에 쓸데없이
힘 빼지 말고 일단 철수하시오.

. . . . .

극동군 총사령관
쿠로팟킨 장군

러시아군은 대포와 물자를
모두 챙겨 질서정연하게 후퇴.

아쉽지만
다음 기회에~

곧 쫓아가드림.

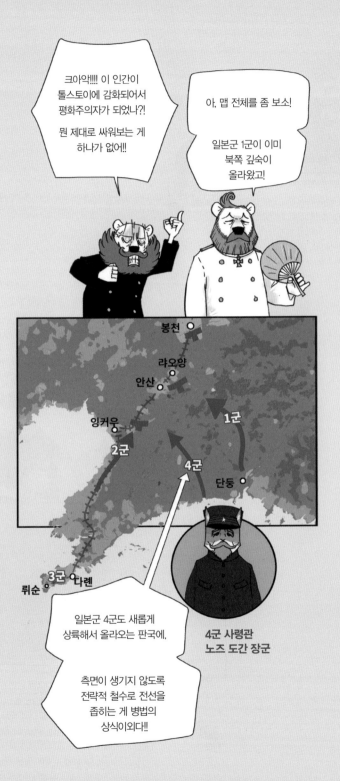

뭣보다, 넓은 땅을 공간 장갑 삼아
계속 일본군을 이 넓이 속으로
끌어들이는 것이 유리한 것!

시간을 끌수록 우리 군은
시베리아철도를 통해 더 강화되고!
일본군은 국력의 한계에
가까워질 것이니!

―라는 것이 쿠로팟킨의
꿍꿍이겠지.

결국 빠르게 전군을 집결,
적에게 대결전을
강요해야 합니다.

만주군 총사령관
오야마 이와오

참모장
고다마 겐타로

봉천 ○

랴오양 ○

안산 ○

잉커우 ○   2군   4군   1군

단동 ○

3군

다렌 ○

뤼순 ○

철수를 거듭해 랴오양 방면에
모이게 된 러시아군을
1, 2, 4군 13만 병력이 삼면에서
에워싸 들이친다면, 적도 그 규모
때문에 더는 도망치지 못하고
결전에 응할 수밖에 없을 것

3군도 빨리
뤼순 함락시키고
이 결전에 합류해주면
좋겠지만…

그건 무리겠지…

· · · · ·

3군 사령관
노기 장군

7월 말, 뤼순 요새선 바깥 지역을
대충 다 정리한 일본 3군.

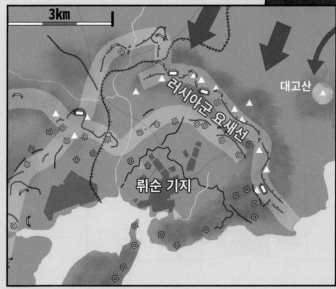

3km

러시아군 요새선

대고산

뤼순 기지

7월 27일부터 요새선 바깥 요충지인
대고산 점령을 위해 격전을 벌이는데.

격전이라니? 이건
그저 튜토리얼일 뿐.

7월 30일, 대고산 점령.

으어;
고지 하나 점령하는 데
사상자 2800명;;

아직 진짜 요새선에는
닿지도 않았는데;;

근데, 이 산은 확실히
조금 요긴하겠는데요?

잉?
해군 아저씨?

해군 육전대는 대고산에 곧바로 관측소를 설치.

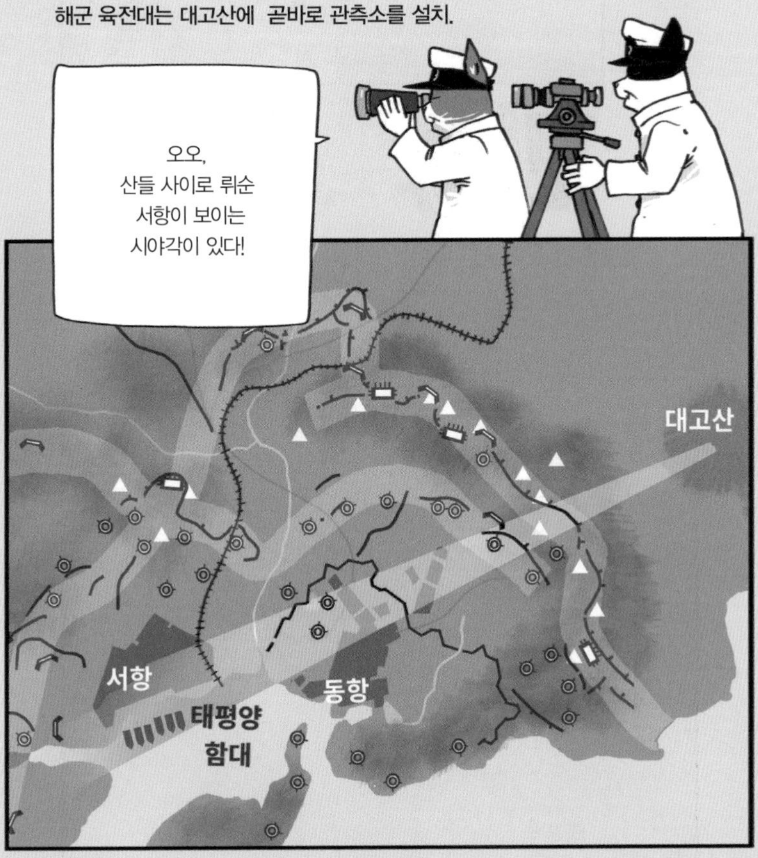

오오,
산들 사이로 뤼순
서항이 보이는
시야각이 있다!

대고산

서항

동항

태평양
함대

대고산 관측소에서 뤼순 서항의 태평양함대
함선들의 좌표를 딴 해군 육전대 포병단은—

뤼순 북쪽 6km 지점에
12cm 포들을 방열!

해군 육전대
포병단

대고산

서항   동항

태평양
함대

8월 9일, 뤼순 서항의
태평양함대를 향해
일제 포격 개시!!!

…알렉세예프 총독이 빨리 블라디보스토크로 함대 탈출시키라고 계속 닦달하는데…

슈우우웅

태평양함대 사령관 비트게프트 제독

함선들 수리도 다 안 되었는데 어찌 움직일 수…

우와아아악?!!?

콰크롸콰

8월 9일 포격으로 전함 레트비잔과 체사레비치 피격! 제독 부상!

으어어어어;; 으야; 빨리!! 최대한 빨리 뤼순에서 탈출해야 해!!

계속 밍기적거리다가 포탄 치료에 정신이 번쩍 드십니까??

바로 다음 날인 8월 10일 새벽,
뤼순의 태평양함대는 탈출 작전 개시.

제 2 7 장

황해 해전

1904년 8월 10일 새벽 4시 30분,
뤼순의 러시아 태평양함대 출항.

일본 측은 곧
러시아 쪽 함대의
출항을 포착.

12시 30분경, 양 함대
16km 거리 접근.

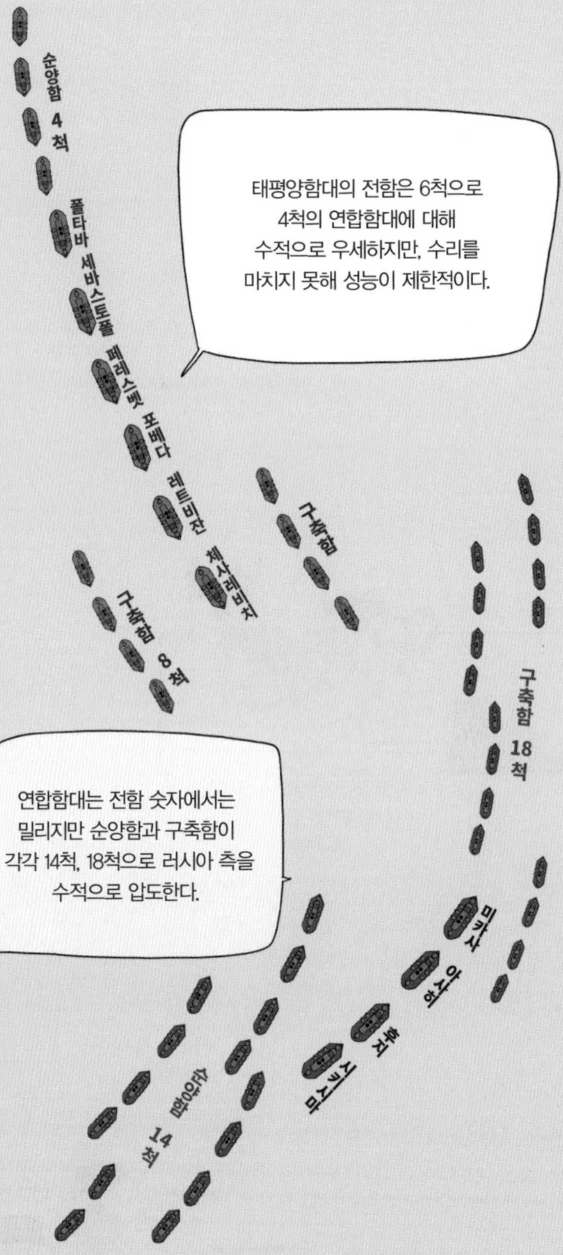

태평양함대의 전함은 6척으로
4척의 연합함대에 대해
수적으로 우세하지만, 수리를
마치지 못해 성능이 제한적이다.

순양함 4척

폴타바 세바스토폴 페레스벳 포베다 레트비잔 쩨사레비치

구축함

구축함 8척

구축함 18척

연합함대는 전함 숫자에서는
밀리지만 순양함과 구축함이
각각 14척, 18척으로 러시아 측을
수적으로 압도한다.

미카사 아사히 시키시마 후지 야시마

순양함 14척

저렇게 일렬종대로 달려오는 적 함대를
우리 함대가 직각으로 마주해
측면 함포 화력을 적 일점에 집중하기!

그 형세가 T 자와
같다 해서 T 자 전술!

뭐, 저 그림으로 보면
T보다는 ㅗ지만…

10년 전 북양함대를 물리친
황해 해전도 T 자 전술로
승리했지!!!

응, T 자 안 만들어주면
그만이야.

우회전!!
우회전!!!

난 F라고…

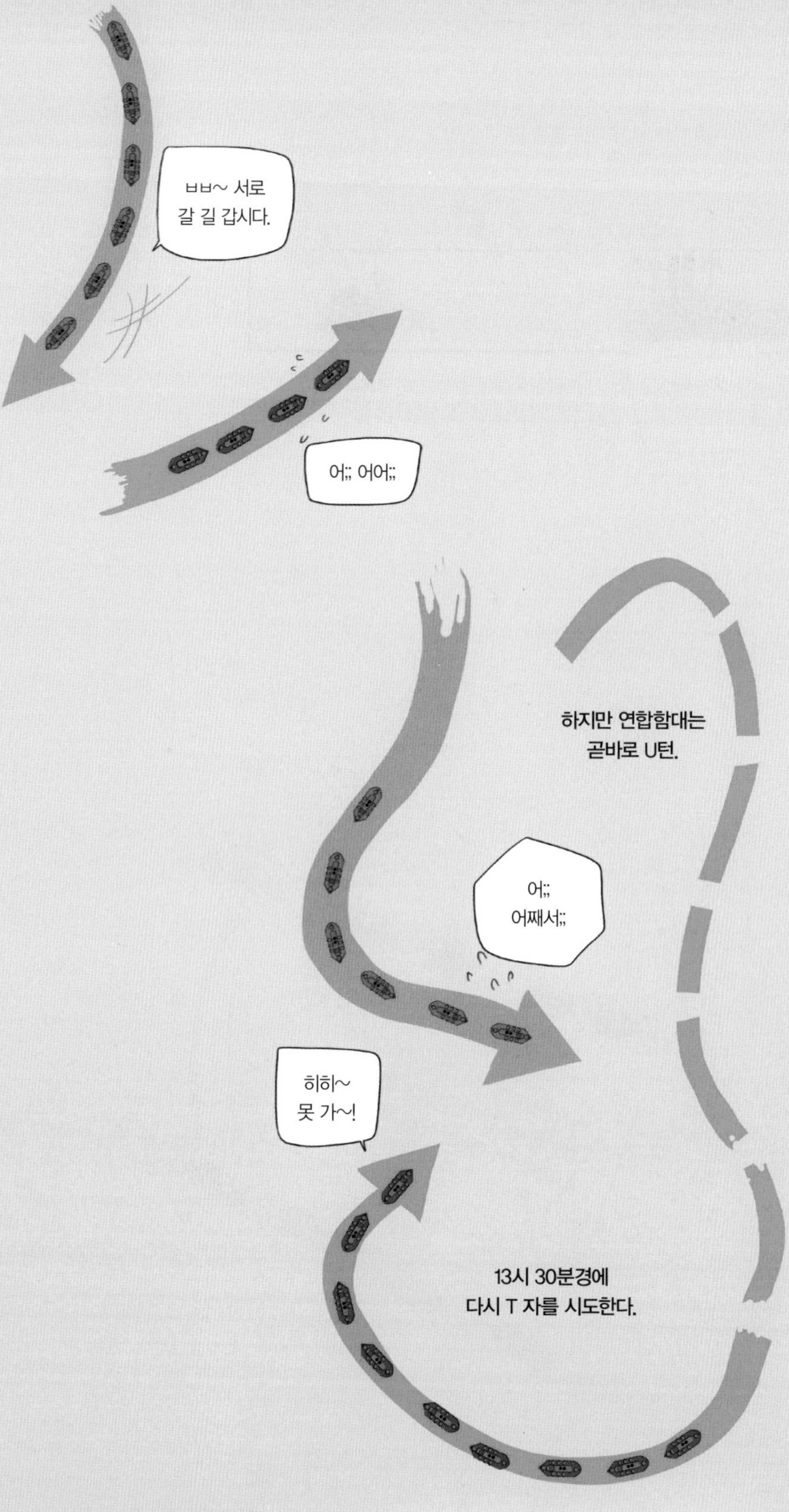
ㅂㅂ~ 서로
갈 길 갑시다.
어;; 어어;;
하지만 연합함대는
곧바로 U턴.
어;;
어째서;;
히히~
못 가~!
13시 30분경에
다시 T 자를 시도한다.

이게 가능했던 건 연합함대는
함대 최대속력 18노트를 낼 수 있었고,

아오;;

오소이~
오소이~

태평양함대는 함선 손상으로
14노트밖에 낼 수 없었기 때문.

데모, 니들 뜻대로
T 자는 안 해준다!!

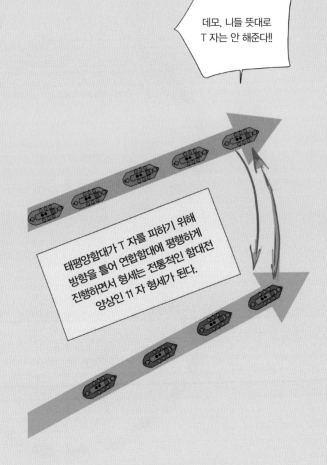

태평양함대가 T 자를 피하기 위해
방향을 틀어 연합함대에 평행하게
진행하면서 형세는 전통적인 함대전
양상인 11 자 형세가 된다.

запуск!

적의 기함을
쳐라!!

13시 30분경부터
양측은 포화를 교환.

撃って!!

적 기함에
집중사격!!

양측 종대의 선두에 서서 어그로를 끌며
탱킹하는 러·일 기함들을 볼작시면─

Made in France

러시아
태평양함대 기함
체사레비치

1만 3300톤, 최대속력 18노트
주장갑 250mm
305mm 2연장 주포탑 X 2
152mm 2연장 포탑 X 6
75mm포 X 20
47mm포 X 20
어뢰 4문

체사레… 뭐요?

일본 연합함대 기함
미카사

Made in UK

1만 5140톤, 최대속력 18노트
주장갑 250mm
305mm 2연장 주포탑 X 2
152mm포 X 14
76mm포 X 20
47mm포 X 12
어뢰관 4문

이 포격전에서
미카사는 20발의
포탄을 처맞았고~

메인 마스트에 포탄 직격,
안테나가 날아감.

무선통신
다 끊겼다;;

황족 후시미노미야
히로야스 소령도 부상.

(옛날 그 도에이
대왕의 조카)

결국 17시 30분경,
미카사는 뒤로 물러나고
아사히에게 탱커를 넘긴다.

딸피야;;

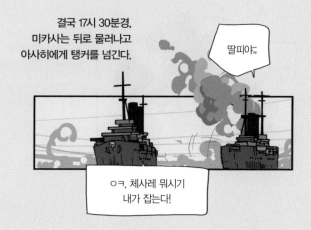

ㅇㅋ, 체사레 뭐시기
내가 잡는다!

으음;;
이대로 해 질 때까지 버티면
어둠을 틈타 도망갈 수
있으려나;; 어떠려나;;

슈우우웅

음? 뭔가…?

17시 30분, 아사히의 초탄이 곧바로
체사레비치의 함교에 명중.

비트게프트 제독 및
함대 지휘부 몰살.

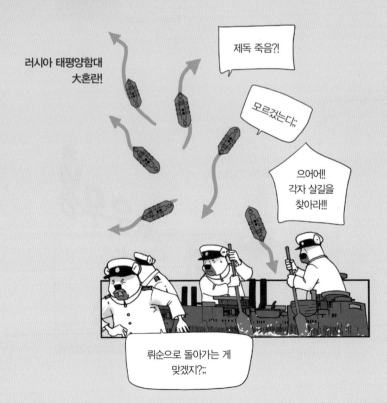

러시아 태평양함대
大혼란!

제독 죽음?!

모르겠는디¨

으어어!!
각자 살길을
찾아라!!!

뤼순으로 돌아가는 게
맞겠지?¨

으아아아?!@?!?

쿠쾅

딱둥

도망쳐 도착한 곳에
낙원은 없더라고.

이날 저녁,
5척의 전함을 비롯한 대부분의
함선이 뤼순으로 귀환.

뤼순으로 돌아온 함선들은
대고산 관측소의 시야 사각인
뤼순 동항에 정박.

동항은
산에 가려서
안 보인다;;

대고산

서항

동항

…만신창이 걸레짝 된
이 함선들을 비좁은 동항에서
수리하는 건 좀 무리인데…;;

이 전투에서 포탄
겁나 쏴제꼈지만,
러시아 구축함 1척을
격침시켰을 뿐…

…결과적으로 보면
다 놓쳤네…

아아, 그래도 결국 러시아 측의
목표는 확실히 분쇄했습죠.
뤼순 말고 다른 데로 튄 함선들은
결국 없앤 거나 마찬가지고.

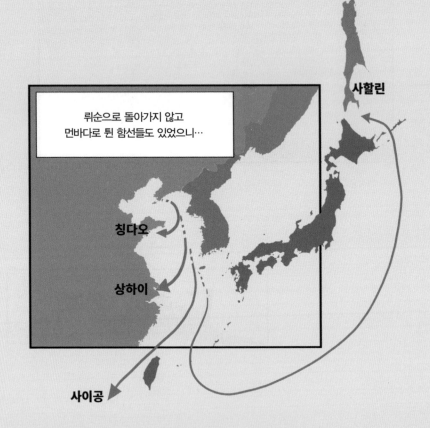

뤼순으로 돌아가지 않고
먼바다로 튄 함선들도 있었으니…

사할린

칭다오

상하이

사이공

함교가 날아간
체사레비치와
구축함 2척은
독일령 칭다오에,

순양함 1척, 구축함 2척은
상하이에,

순양함 1척은 사이공에
입항해 전쟁 종료 시까지
억류된다.

전쟁 규칙상 중립국 항구는
어느 일방에 협조하면 안 되는 고로
떠날 수 없다면 억류임.

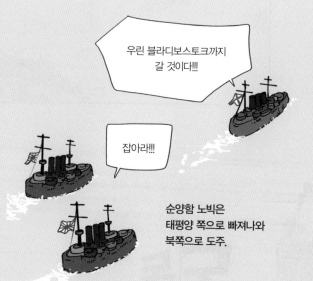

우린 블라디보스토크까지
갈 것이다!!!

잡아라!!!

순양함 노빅은
태평양 쪽으로 빠져나와
북쪽으로 도주.

8월 20일, 노빅은 추격해 온 일본 순양함 2척의
공격에 의해 사할린 코르사코프만에 좌초.

승무원들은 모두 탈출, 상륙해
사할린 수비대에 합류한다.

사할린 대게잡이
알바 자리 있나요?

그런데 사실 러시아 측에
정말 크게 손해가 나게 된
것은 이 부분이었으니…

블라디보스토크로 탈출할
태평양함대에 호응해

블라디보스토크 순양함대가
현해탄으로 내려와 마중하라는
명령이 내려왔고.

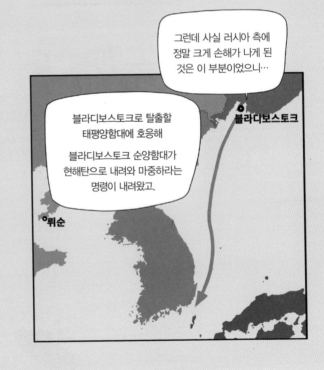

블라디보스토크

뤼순

아오;; 언제 오는거;
왜 연락이 없니;;

예센 제독은
황해 해전 소식을 모른 채
순양함대 가용함 3척을
모두 끌고 와
현해탄에서 대기.

오는 건 토벌대!!!
네놈이 기다리던
비트게프트는 이미
스펀지밥 따라갔느니라!

으허얼흟흟ㅁㅇ렇렇;

8월 14일 새벽,
일본 2함대의 순양함
6척에 발각.

울산 앞바다에서의 포격전으로
러시아 순양함 루릭 격침.

나머지 2척도
크게 손상을 입은 채
블라디보스토크로 튄다.

러시아 해적놈들!!
로구(露寇)!!
드디어 잡았다!!!

그렇게 큰 손실을 입은 블라디보스토크
순양함대는 결국 복구되지 못했고.

여기서 수리, 무리요.
본토 창정비 가야…;;

음, 짧았던 동해 大해적
시대의 끝인가…

해상 수송로의 위협을 완전히 제거한
울산 해전의 승리에, 일본 대중은
손바닥을 뒤집어 가미무라 제독을 찬양한다.

가미무라 제독님!
믿고 있었어요!!

클라스 증명
완료!

울산 해전 승전가,
오리콘 차트
1위 진입!!

그런데 말이야…
미카사나 체사레비치나
포탄 처맞은 건
비슷하게 처맞았는데,
나만 죽고 패한 건
너무 운빨 억까 아닌가?

그 부분에 대해서는
좀 더 합리적인
설명이 있습죠!!

그것은 바로
포탄 차이!

!!

일본군의 비밀 무기!
시모세 화약 포탄!!

$C6H3N3O7$

이 **피크르산**이라는 물질은
니트로화된 페놀이 그 정체로~

19세기에 이르러
그 폭발력이 알려져
화약 용도로 모색되었는데요.

금속과 접촉하면
대폭발을 일으키는
z랄맞은 성질 때문에!!!!

금속 포탄에
넣을 수가 없다!!

멜리나이트   리다이트

이에 프랑스, 영국에서는
피크르산의 금속과의 반응성을
줄이는 화합물 연구가 진행되었고.

하지만 이것들은 만들기
까다롭고, 여전히 위험하지.

아니, 뭘 어렵게 생각함?
그냥 피크르산이 금속과
접촉하지만 않으면
되는 거잖음?!

일본 해군 공학 기사 시모세 박사

탄두 내부를 일본 전통
'옻칠'로 코팅하고
순수 피크르산을
채워 넣음.

피크르산

코르다이트

시모세 화약 포탄이라 불린 이 포탄은
적 함선에 착탄 시 금속과 반응해 3천 도의
고온 폭발을 일으켜, 철제 구조를 파괴한다!

그에 비해 니트로 셀룰로오스를 작약으로 쓰는 러시아제 포탄은 강철을 파괴할 수 있는 폭발력을 낼 수 없지요.

이겨야 한다.

더군다나 러시아 포탄은 추진약으로 여전히 흑색화약을 사용했으므로, 포연과 화약 찌꺼기 때문에 연사에 크게 불리했다.

딸깍

ㅋㅋㅋㅋ
ㅋㅋㅋㅋㅋ

해군놈들이 자폭하는 똥을 쳤어!!!

But, 이 시모세 화약 포탄을 사용한 일본 육군 쪽에서는 코팅 불량 탓에 격발 사고가 자주 났다고 한다.

굽씨의 오만잡상

러일전쟁 당시 일본 해군의 포탄에는 작약인 시모세 화약이 탄두 무게의 14퍼센트에 달할 정도로 들어간 데 반해, 러시아 해군의 포탄에는 작약인 니트로 셀룰로오스가 탄두 무게의 2.5퍼센트 정도만 들어갔다고 합니다. 나머지는 그냥 쇳덩어리였던 셈이죠. 이 때문에 러시아 해군은 적 함선을 관통하는 데, 일본 해군은 적 함선을 불태우는 데 초점을 맞췄다고 보는 전문가도 있습니다. 강철 군함에 불탈 부분이 어디 있겠냐 싶지만, 겉면에 두껍게 칠해진 페인트가 피크르산이 폭발 시 만들어내는 고온에 활활 타오른다는 게 실전에서 입증되었죠.

이 시모세 화약에는 그에 맞는 신관이 필요했으니, 일본 해군의 이주인 고로(伊集院五郎) 대령이 개발한 '이주인 신관'이 바로 그것입니다. 별도의 안전장치가 필요 없는 탄저(彈底) 신관으로, 작동 방식은 이렇습니다. 발사 시 강선을 따라 탄두가 회전할 때 신관을 감싼 편심(偏芯)이 탄두와 불일치 회전하며 나사산(螺絲山)을 따라 하강해 신관의 안전장치가 풀리고, 착탄 시 관성에 의해 신관이 작약을 치며 폭발하지요. 이 신관 덕분에 포탄의 불발률이 감소했고, 안전핀이 불필요하다는 특성상 장전 속도가 빨라졌으며, 신관 내 나사산 덕분에 일정 거리 이하로 착탄 시 폭발하지 않아 안전성이 향상되었다고 합니다. 하지만 부정적인 평가도 꽤 있어서, 격발 시 탄저가 압력을 버티지 못해 신관이 그대로 작동함으로써 포신 내 폭발을 일으킨다거나, 장기간 항해로 편심이 멋대로 돌아가서 포탄을 쏘자마자 폭발한다거나, 적 함선 표면에 닿자마자 폭발해 관통 효과를 기대할 수 없다는 등의 불만이 제기되었습니다. 그래도 이주인 신관은 러일전쟁 승리의 주요 요인 중 하나로 대접받아, 이주인은 훗날 대장까지 승진, 군령부 부장을 지내게 됩니다. (한편 이주인이 1함대 제독 시절에 부하들을 주말 없이 굴린 데서 '월월화수목금금'이라는 밈이 나왔다고 합니다.)

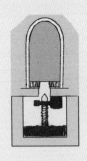 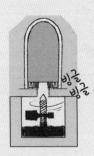 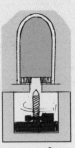 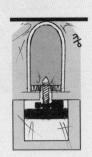

빙글글빙

탁

쿵

제28장

뤼순 1차
총공격

1904년 8월 10일의 황해 해전으로
뤼순의 태평양함대는 탈출에 실패했지만,
완전히 무력화되지도 않았다.

전함 5척과 순양함 2척, 구축함 4척이
그대로 뤼순으로 기어 들어가
짱박혔어…

결국 뤼순항 동항에 짱박힌
러시아 함대의 처리는
해군의 힘만으로는 무리인 거고…

결국 육군이 뤼순을 점령해야만
해결될 문제인 것!

**3군 사령관
노기 대장**

ㅇㅇ!
그것을 위한
3군입니다!

10년 전에 내가 땄던 뤼순,
그대로 다시 따주지.

But, 뤼순은 10년 전 그 뤼순이 아니었으니.

1900년부터 러시아는
뤼순항 주변 방어선의 현대화에 착수.

요새 건설 전문가
베리츠코 교수

안도 다다오 스타일
노출 콘크리트로 ㄱㄱ

하지만 사실 1909년 완공 계획이었던지라 현 시점에서는 공정률 50% 정도임…

그나마 요동 전역에서 모여든 병력이 5만 명 이상이라 다행이군요.

뤼순전구 총사령관
스테셀 중장

뤼순시 사령관
스미르노프 중장

뭐, 님들은 뤼순 시내에서 편안히 계시고, 야전 지휘는 나님이 다 맡겠소.

요새선 총괄 사령관
콘드라덴코 중장(진)

서부전선 사령관
체르피츠키 소장

동부전선 사령관
고르바토프스키 소장

저 뤼순 요새를 딸
일본 3군 병력은
3개 사단 5만 1천 명.

아침에 들이치면
브런치는 뤼순항에서!

1사단장
마츠무라 소장

9사단장
오오시마 소장

11사단장
츠지야 소장

1904년 8월 19일 새벽,
일제 포격과 함께 총공격 개시.

꾸물거릴 필요 없지.
바로 ㄱㄱ!!

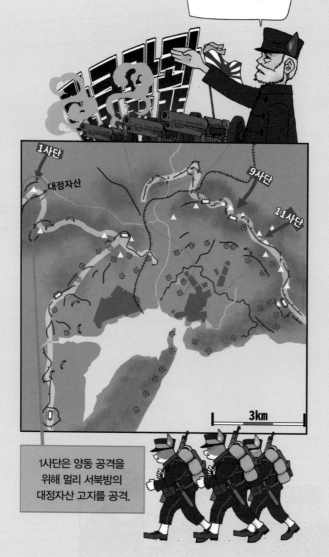

1사단은 양동 공격을
위해 멀리 서북방의
대정자산 고지를 공격.

양동 공격이지만
의외로 이쪽에서 쭈욱
밀고 들어갈 수도 있겠지?!

항복
하라쇼?!

대정자산의 대대 규모
러시아군은 치열하게 저항했지만.

꺼지라쇼!

8월 21일, 대정자산 고지 함락.

으어; 예상보다
빡셌다;;

뭐, 어차피 이쪽은 양동 공격이었으니,
주공 쪽에서 잘해주겠지…

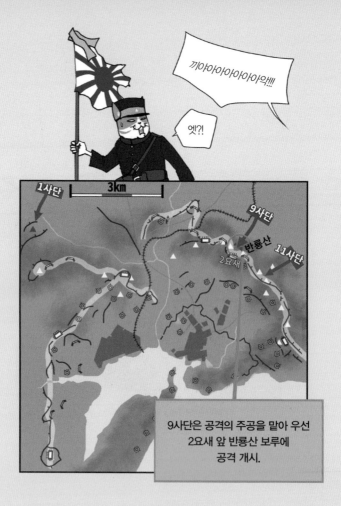

9사단은 공격의 주공을 맡아 우선 2요새 앞 반룡산 보루에 공격 개시.

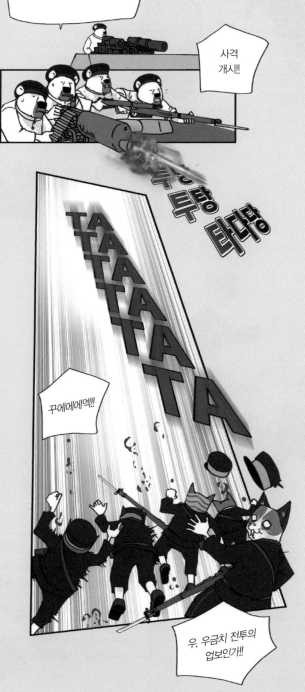

7연대장 전사.
7연대 전멸.

35연대장 전사.

어버버버;;
어브브버;;

19일과 20일 이틀에 걸친 공격으로
사단 병력의 3분의 1이 갈려나갔고,

어;;; 그래, 야습!!!
야습이다!!!´
러시아놈들, 키 큰 거 보니
밤에 잘 자는 거 같아!

8월 22일 0시,
사단 전 병력 야습 돌입.

응, 러시아랑 뤼순 시차 때문에
밤에 제대로 못 자요.

8월 22일 새벽부터
그날 오후까지의
공격으로 9사단은
막대한 피해를 입으면서,

어찌어찌 반룡산 보루를 점거한다.

러시아군이 참호 곳곳에 심어놓은
폭발물 트랩에 선발대 연이어 전멸.

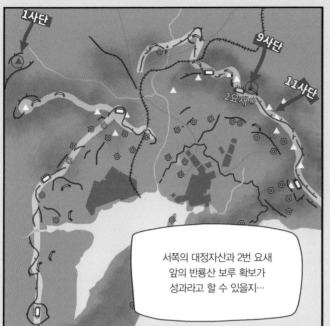

그렇게 8월 22일,
일본군은 결국
요새선 돌파에 실패.

서쪽의 대정자산과 2번 요새
앞의 반룡산 보루 확보가
성과라고 할 수 있을지…

그래도 2번 요새 앞 반룡산 보루
점거했으니, 이를 발판으로
2번 요새 딸 수 있겠네.

어;; 저, 그 저희 9사단은
병력 반이 녹아버려서
공격력이 제대로 될지
어떨지;;;

그러면 1사단과 11사단에서
남는 병력 9사단 쪽으로 다 밀어주고.

다시 힘내서
2번 요새를 향해
츄라이! 츄라이!!

2번 요새 따면 그대로
뤼순 시내를 향해
탄탄대로 내리막길이다!!

그렇게 8월 24일,
현대식 콘크리트 요새에 대한
사상 최초의 돌격이 이루어진다.

공격에 나선 제대가 하루 만에
모두 전투 불능 상태에 이르자
8월 24일 오후 노기 장군은 공격 중지 명령.

구에에에에에

음… 10년 전처럼은
안 되는 거구나…

이 1차 총공격, 3군의 피해는
전사 **5017명**, 부상 **1만 843명**으로,
1개 사단 병력을 상실.

(러시아군은 전사 1500명)

간만에
이겼다!!!

우라아!!
ypa!

세키가하라 이래
일본군 사상 최대 피해!!

우라!!!

우라!!!

뤼순 공방전 1차 총공격은
러시아군의 승리로 끝났습니다!

오늘 저녁은
우라마키다!!

제 29 장

요나라 요나라

병력 1만 6천 명을
날리고 실패했다고?!

WiS
DoM 뤼순 공략 실패 대참사

괴공

참모장
고다마 대장

만주군 사령관
오야마 원수

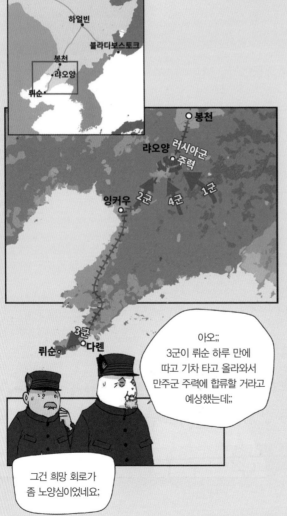

하얼빈

블라디보스토크

봉천

랴오양

뤼순

봉천

랴오양 러시아군
주력

잉커우 2군 4군 1군

3군 다롄

뤼순

아오;;
3군이 뤼순 하루 만에
따고 기차 타고 올라와서
만주군 주력에 합류할 거라고
예상했는데;;

그건 희망 회로가
좀 노양심이었네요;

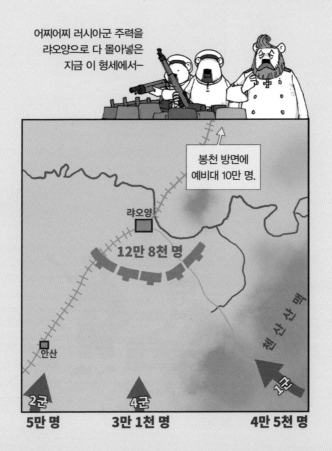

병력이 충분치 못하더라도
일단 빨리 大결전 ㄱㄱ 하는 게
맞는 거일 듯.

한타!! 한타
붙어주세요!!!

8월 25일, 일본 3개군
12만 6천 병력이
랴오양을 향해
진군 시작.

랴오양

8월 27일, 2군에 의해
안산 점령.

같은 날, 1군이 고갯길을
완전히 넘어 전장에 도달.

안산

2군

4군

1군

바지락 고추장 찌개

이대로 랴오양
러시아군 방어선 돌파
ㄱㄱ!

안산 대표 음식
바고찌를 아십니까.

여어,
바고찌다~!

그러나 진군은
랴오양의 러시아군 주력이 짱박힌
견고한 방어선에 막혀 곧 돈좌.

맵찔이는
못 먹는다!

이후 사흘에 걸쳐 공세를 지속했지만~

랴오양

2군

4군

1군

안산

랴오양라오랴오
라오랴오라오라
오라오라오라!!

포격에 싹 다 갈려나감;;

뤼순 참사 보고 놀랄 게
아니었네;;

2군 사령관
오쿠 대장

전황 타개를 위해
특수부대를
움직여볼까 합니다.

1기병 여단장
아키야마 요시후루 소장

연합함대 작전참모
아키야마 사네유키의 형

아키야마 소장은 프랑스 유학을 통해
기동전의 요체를 깨우치고,

기관총과 경량 화포를 끌고 다니며
이 전장에서 화력 기병의 기동전을 선보인다.

28일, 아키야마 지대가 러시아 방어선의
서쪽 측후방을 노리며 기동함에 따라,

랴오양
코사크
기병대
아키야마
지대
2군
4군
1군
안산

러시아 쪽에서도 코사크 기병대를 출격시켜 맞대응.

8월 30일,
화려한 기병 격돌—

세계 최강 기병대에 한 수
배워가겠시다!

—이 벌어지진 않고
대충 멀리서
서로 총 쏘며 대치함.

8월 30일까지
계속된 공격에도
러시아 방어선은
뚫릴 기미가
보이지 않는다.

헤딩!

re트라이!!!
n트!!

…이런 식으로는
안 될 거 같고…

1군 사령관
구로키 대장

몰래 강을 건너 적의 측후방에
서프라이즈 통수를 갈긴다!!

8월 30일 밤 늦게
1군 주력 2개 사단이
적 측후방의 태자하를 도하.

강물이 의외로
얕고 잔잔한데?

우와악?!?

뒤치기냐?!?
빨리 남는 병력 다 빼서
측후방 막아!!!

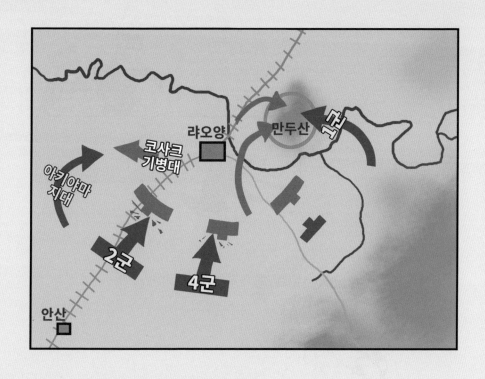

9월 2일, 러시아군은 일본군이 점거한
만두산 고지에 대해 공격 개시.

그 만두?

○○, 진짜로
그 만두!

치열한 백병전이 펼쳐진 끝에,

헙~♡

어, 음;
오늘 저녁은
펠메니?

пельмени
러시아 만두

9월 2일 오후, 러시아군이
만두산 점거에 성공.

어림없는 소리!!!
오늘 저녁은
교자다!!!

ギョウザ

그러나 바로 당일 밤,
일본군이 재탈환.

오히려 기회입니다!
일본군 전선이 얇고 길게
늘어진 지금, 그 사이를
치고 들어가 절단내죠!!

이런 전황 전개에
러시아군 수뇌부에서는
역습 주장도 나왔고.

이렇게 역습!!
일본군 전선
절단!!

아니, 아니, 일본군 병력
20만 명이라던데;; (잘못된 정보)

만두산 쪽 일본 1군에 의해
철도 끊기면 랴오양에서
포위되는 각이야;;

여기선 일단 ㅌㅌ

적이 한타 하고 싶어 안달일 때
한타 해주는 건 병법이 아니지.

9월 3일 밤,
러시아군은 봉천 방면으로
총퇴각.

…러시아군 추격해서 전과
올리면 좋겠지만
우리 군이 많이 지쳤으니,

일단은 랴오양 점령으로
만족하죠…

랴오양
랜드마크
요양백탑
(요나라 유적)

러시아군은 사상자 1만 9천 명.
(전사 3600명, 부상 1만 4300명)

사상자 2만 3천 명 이상이라니…
(전사 5500명, 부상 1만 8600명)

MEANWHILE
St.페테르부르크에서는─

8월 24일, 수뇌부 회의에서 발틱함대의 극동 파견에 관한 최종안 확정.

목적지는 블라디보스토크!
(뤼순은 사실상 포기)

본토 주력 함대 공백 상황에 대한 외교적·군사적 조치 완료!

발틱함대 사령관
로제스트벤스키 제독

이놈의 발틱함대, 출발하려면 벌써 몇 개월 전에 했어야지~

이제 지구 반 바퀴 돌아 초주검 상태로 극동에 도착하면 어떻게 될지 알려주는 사람 없었음?

(마카로프 제독 부인의 내연남)

응, 당신 와이프가 알려줌.

부디 이 아이가 아름다운 극동의 바다를 물려받을 수 있도록 힘써주게.

8월 12일에 태어난 황태자 알렉세이를 알현해 축복도 받고.

…황해가 사실 아름답다고 하기에는 좀…

MEANWHILE II
서울에서는—

1904년 8월 22일,
〈한·일 외국인 고문 용빙 협정서〉 조인.

이른바 제1차 한일협약

…이런 거에나 도장 찍으라고
다시 감투 씌워준건가…

한국 정부 각 부처에 **외국인 고문**을 두고,
각 부처의 중대사는 외국인 고문의
심의, 승인을 필하도록 한다.

어, 어;;

이것이 바로
고문정치의 시잭!!

이에 따라 재정고문으로   외교고문으로
메가타 다네타로,   D. W. 스티븐스 착임!

아아, 똥술의 나라
조선인가…

제 3 0 장

사하 회전

1904년 9월, 랴오양을 점령한 일본군은
러시아군의 본진인 봉천을 향해 북진.

봉천의 러시아군 22만 명,
올라가는 일본군 17만 명.

하지만 너무 큰 군대 규모와 열악한
도로 사정 때문에 빠르게 움직이는 건
무리였고, 전선은 잠시 정체되지요.

그리 시간이 갈수록
시베리아철도를 통해
러시아군은 더욱더
보강될 것이다!

…
과연 그럴까요?

시베리아철도는 단선철도!
상행 열차와 하행 열차가
동시에 진행할 수 없다!
길.
아무리 다이어그램을 잘 짜도!
러시아 본토로의 회송 열차
때문에, 만주로 오는 열차는
하루 한 편도 힘들 것!
대기 철로도
얼마 없다더구먼!

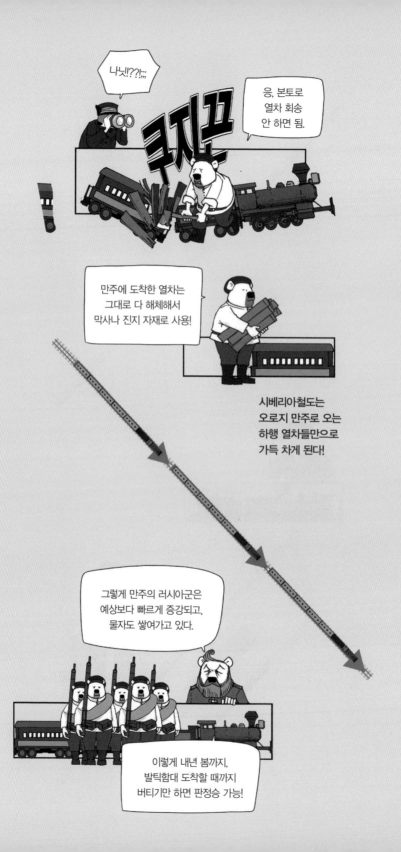

But, 쿠로팟킨의
버티기 전략에 대해
St.페테르부르크에서
비판의 목소리가 커졌고.

저 인간이 우세한 병력 가지고
뤼순 구원할 생각도, 제대로
싸울 생각도 않고 후퇴만 하고
있다니까요!!

저, 저
간신배놈이!!

이에 St.페테르부르크에서는
적극적인 공세를 위해
만주군에 2군 사령관을 두기로 결정.

실질적
공동 사령관이니까
잘 알아 모셔라!!

크림전쟁 참전 노장
그리펜베르크 장군
곧 만주 도착 예정!

컥;; 저 노인네가?!

쿠로치킨 이 폐급놈이!!
그동안 뭐 한 거야?!
왜놈들 따위 한 큐에
쓸어버릴 테니 잘 봐라!!

저돌 맹장인 그리펜베르크가
만주에 도착하면 바로
모아놓은 병력, 물자로
공세 갈길 거고.

그리되면 나님은
근무 태만으로 찍히고,
저 영감탱이만 영웅 되겠지!

그렇게는 억울해서 안 되지!

영감탱이 도착하기 전에
일단 공세다! 공세!!
St.페테르부르크에
뭔가 보여줘야 해!!

봉천

라오양
안산
잉커우

일본군 우익이
좀 약해 보이니,
그쪽을 찌른다!

압록강

단동

다롄
뤼순

10월 2일, 러시아군 좌익이 일본군 우익
측후방을 노리며 기동 개시.

우라아아!!

슈타켈베르크 장군 지휘하
동부 방면 4개 군단이 진공.

(러시아군 1개 군단은 대략
일본군 2개 사단에 대응)

러시아군의 공세에
밀려난 일본 1군은
10월 7일에 크게 후퇴.

But, 적이 우리 우익으로 밀고 내려오면, 우리 좌익을 전진시키는 것이 전술의 정석!

전선을 시계 방향으로 회전시킨다!

1군이 러시아군의 공세를 버텨내는 동안 10월 10일에 일본군 2군과 4군이 역공세 개시.

아키야마 지대 이키마스!! 적의 우측 후방을 들이친다!!

기병, 보병, 포병 제병과 합동 무지개색 총공격이다!

예상치 못한
일본군의 역공에
러시아군 우익 전선은
줄줄이 터져나가고-

우리 군의 동쪽 공세로
측측방 짤리는 건
두렵지 않음?!

서쪽에서 우리가 더 빨리
밀어서 너네 측후방 먼저
자르면 되죠!

2군 4군 1군

우메자와
여단 2기병 여단

그동안 1군은 러시아군의 공세를
튼튼하게 버텨내고.

예비군 아저씨들이
성실히 싸우다니?!

예비군 부대인
우메자와 여단의 활약!

이거 버티면 퇴소 5분
당겨준댔거든.

오히려 2기병 여단을 통해
역공에 나서기도.

2기병 여단장
고토히토 친왕
(옛날 그 도에이 대왕의 n번째 동생)

10월 13일에 이르면 러시아군의 모든 전선에서 패퇴 릴레이.

음… 일단 정비하자;;

결국 10월 13일, 러시아군이 미리 마련해놓은 봉천 방어선 내로 일제 후퇴하며 전투 종결.

꾸엨~

러시아군 사상자 3만 5천 명에, 포로가 5천여 명;;

일본군 사상자는 2만 1천 명.

…러시아군의 승리라고 보고서를 올린다.

하지만… 봉천을 향한 적의 예봉을 선제적 대응으로 꺾고 요지를 점거해뒀으므로, 아군의 전략적 승리입니다.

크왁!!! 구라팟킨 같으니라고!

뭐, 러시아군의 승리라는 건 개소리지만, 일단 우리 군의 손실도 만만찮은지라… 저 방어선을 뚫고 봉천까지 가는 건 무리군.

3군이 빨리 뤼순 따고 합류해주면 좀 활로가 트일 거 같은데 말이죠.

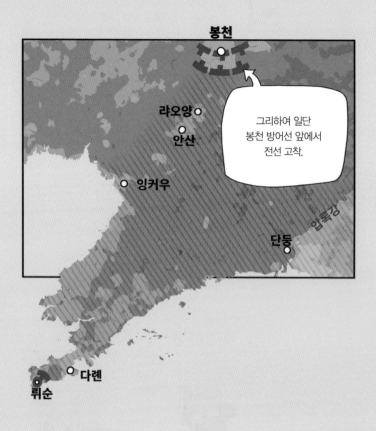

봉천

라오양○

안산

잉커우○

압록강

단둥○

다롄○

뤼순●

그리하여 일단
봉천 방어선 앞에서
전선 고착.

러·일 양군은 참호를 깊게 파고
다음 해까지 그냥저냥 대치하게 된다.

나선 이제 지쳤어요~♬

정벌~ 정벌~

제 3 1 장

북해의 별의별

재들, 지구 반 바퀴 돌아 동해까지 무사히 갈 수 있긴 있을까냐;;

바로 그 부분에서 함대 조직과 경영의 달인 로제스트벤스키 제독이 최고의 인선이었음!

해군 총사령관 알렉세이 대공

해군성 장관 아벨란 제독

마카로프가 천재 과학자라면, 로제스트벤스키는 수재 CEO 타입이거든요!

좀 무뚝뚝하고 사람 잘 패는 류머티즘 환자긴 하지만, 월급 털어 부하들 복지 챙겨주기도 하고, 포술 실력도 뛰어나고, 여자들한테 인기도 많고.

발틱함대(제2 태평양함대) 사령관 로제스트벤스키 제독

그런 거랑, 지구 반 바퀴 돌아 수어사이드 미션 가는 거랑 무슨 상관이려나…

이거 뭔가 〈대항해시대 온라인〉 같지 않음?

쪼렙 45명 끌고 발트해에서 동해까지 하드코어 항해!

…그리고 그 끝에는 유저 해적이 매복해 있나…

그래도 극동 도착하기까지는
세계 일주 기분으로
느긋하게 갈 수 있겠군.

아니,
거기까지 가는 항로가
위험하다는 첩보가
계속 수신되고 있음…;

영국의 묵인하에
일본 특수 요원들이
영국 어촌에 숨겨둔 어뢰정으로
기습 준비 중이라는 첩보 입수!

러시아놈들이 머나먼
북해라고 방심하고 있는 틈을 노려!

그런 불안감을 안은 채
함대는 브리튼제도 앞바다,
도거 뱅크에 이르렀고.

북해

이대로 도버해협을
통과해 스페인으로…

10월 21일 비 내리는 밤,
함대 후미에서 긴급 메시지.

10월 22일 0시 55분,
함대 사격 개시.

10분간의 사격 끝에
영국 대구잡이 어선 1척 격침.
어부 3명 사망.

아군 간 오인 사격으로
순양함 오로라의 군종 신부와
병사 1명 사망.

이 무슨 미친
착각 참사인가요;

아니,
진짜로 일본 어뢰정들
있었다니까;;

…겠냐…

도거 뱅크 전투(?)를 치른 발틱함대는
10월 26일 스페인 비고에 입항.

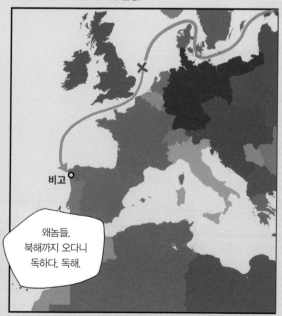

비고

왜놈들,
북해까지 오다니
독하다, 독해.

영국은
발칵 뒤집어졌고.

로스께는
어선이랑 어뢰정도
구분 못 하나?!

영국 선박을 격침하고,
영국인을 살해하고,
그대로 뺑소니를 쳐?!?

보드카 음주
운항 중이었겠지!!

응징하라!!

개전각
날카롭다!!

전쟁이다!!!
전쟁!

'미친개 제독'의
미친 개떼 함대구먼!

해협함대와 지중해함대
스페인 앞바다로 집결!
일단 발틱함대가 비고를
뜨지 못하도록 감시한다!

에드워드 7세

벨푸어 총리
(1년 전 사망한 외삼촌
솔즈베리 후작의 총리직을 계승)

해협함대(전함 5척)와
지중해함대(전함 10척)가 총출동.
물경 100여 척의 대함대가 집결을 시작한다.

이게 바로 현실
버스터 콜이야.

10월 28일,
영국 순양함 5척이
비고에 입항.

발틱함대 출항 금지!
스페인 측은 발틱함대에
보급 금지!

으음…

(어휴, 스페인 사람들은
발틱함대 응원합니다요~)

사건 주범
로제스트벤스키 제독을
재판에 넘겨라!

아니, 일본 어뢰정들과의
교전에 어선들이
휩쓸린 것뿐이다!

으억ㅋㅋㅋㅋㅋㅋ

사태의 진행에 일본은 싱글벙글.

런던의 하야시 공사가
신속하게 일본 측 입장 발표.

맹세코 대서양에 일본 어뢰정은
단 1척도 존재하지 않습니다!
우리 해군 로그파일 다 까드림!

발틱함대는 영국이
맡아주시는구나!!

영국 참전각!
전쟁
이겼다!!

일본뿐 아니라
독일도 싱글벙글.

와아, 와아, 러시아가 영국에
저리 당하고 있는데,
러시아 동맹이라는 프랑스는
무슨 간을 보고 있는 걸까요?

거, 러시아가 영국과 개전 위기인데,
여기에 프랑스가 정말 동맹 약조대로
참전할 것인지 확실하게
보장한답디까?!

우정 테스트
ㄱㄱ!!

골족은 간사스럽기 짝이 없어
예로부터 신의를 지켰다는
말을 들은 적이 없다!

ㅇㅇㅇ음··

자, 따라해
보세요.
"미안해."

사태 전개에
경악한 프랑스는
외교 총력전을 펼쳤고.

미··· 미···

자, 자, 우리, 러일전쟁에
휘말리지 않기로 약조했잖소!
독일만 꿀 빨게 하지 맙시다!

456

결국 프랑스의 중재로,
러시아가 사과와 보상금 지급.

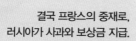

미… 미…
…미안하다.
발틱함대 분량
늘리려고 어그로 끌었다.

사건의 시시비비는 헤이그에서
국제재판을 하기로.

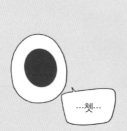

…쳇…

그렇게 사태가 마무리되고
11월 1일 발틱함대는 비고에서 출항.

시작부터 마가
끼었나…

아, 일본 어뢰정
진짜 있었다고…

(끝까지 우김)

뤼순에서는 3군에 의한
2차 공격이 진행되고 있었고…

이번에는 요새 공략의 정공법을
차근차근 진행한다!

굴착과 포격!

차근차근 땅 파고
대포 쏘면서 차분하게
운영해보자고!

…삽질하고 있네.

…삽쳐라!

9월 중순부터
요새를 향한 접근호와
땅굴 굴착 작업이 진행되고.

도쿄만과 오사카만의 요새에서
280mm 거포 18문을 이송,

227kg짜리 포탄을
9km 밖으로 날릴 수 있죠!

10월 1일부터
포격을 시작한다.

과연 거포는 위력적이라서 포격으로 전초 몇 개가 붕괴하고 요새에는 금이 가기 시작함;;

실로 콘스탄티노플 공성전에서 활약한 우르반 거포의 재림이로다!

그런데 일본놈들 포탄 기술이 시원찮은지, 가끔 불발탄도 떨어지더라고요.

불발 280mm 포탄은 우리 대포로 일본놈들에게 다시 날려준다!

포탄 부족한데 마침 잘됐네!

로스께놈들 깡 ㅎㄷㄷㄷ;

실제로 러시아군이 다시 날려 보낸 불발탄에 일본군이 경악하기도.

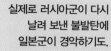

불발탄이라 다행이었달까;

1사단은 9월 19일부터 203고지 공격 시작.

잠시
203고지 정상에
일장기가 꽂히는
순간도 있었지만.

곧바로 러시아군의
반격으로 격퇴당하고.

결국 203고지 공격 포기.

10월 26일부터는
9사단과 11사단이
요새선 전면 공격 시작.

땅굴 공격을
비장의 카드로
내놓았는데요,

러시아 쪽에서도
맞땅굴을 파며
대비하고 있었죠.

그렇게 땅굴과 땅굴이
마주치며 지하 던전
전투 오픈!

아니, 잠깐
뭔가 물 새는
소리가…

온천
터졌다!!

좌아아

다롄-뤼순 산간이
온천 지역이라 아마
굴착할 때 물이 적잖이
나와서 곤란했을 거예요.

오늘날 이 지역 대표 온천이라면,
쳉위안 온천 리조트가
시설도 좋고 거대하죠.

그렇게 얼레벌레 2차 공격도 대충 실패로 끝났고…

10월 30일, 공세 중지.
사상자 1300여 명.

이 시점에서 근본적인
의문이 드는 게…

……

이 쌩난리를 떨어가며
뤼순을 굳이
함락시켜야 하는 이유는?

462

제 3 2 장

203고지에
어서 오세요

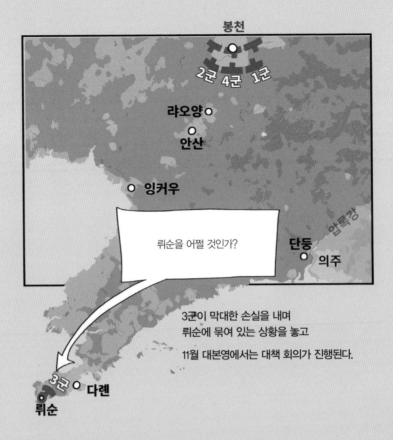

뤼순을 어쩔 것인가?

3군이 막대한 손실을 내며
뤼순에 묶여 있는 상황을 놓고

11월 대본영에서는 대책 회의가 진행된다.

먼저 참모본부의
의견부터 들어보겠습니다.

뤼순 공략의 목표는 무엇이었는가?

러시아 태평양함대 무력화를 통한 제해권 확보가 뤼순 공략의 1차 목표였지요.

지난번 황해 해전을 통해 러시아 태평양함대는 대충 무력화되었다고 여겨집니다.

그리고 뤼순을 드나드는 첩자들의 첩보에 따르면―

로스께 함대 그냥 친환경 자연 소멸했음.

러시아 함선들의 함포를 떼어내 육상 포대로 전용했다고 합니다.

이제 이 함선들 고쳐서 바다로 나가 싸울 일은 없을 것 같아…

함대 수병들도 모두 하선, 육상 요새 수비에 합류했다고 합니다.

땅개가 돼부렀어.

땅곰인데…

So, 태평양함대 무력화라는
목표는 달성된 것 아닙니까?

봉천

2군 4군 1군

랴오양

3군 안산

잉커우

압록강

단둥

다롄

뤼순

그러니 이제 3군을
뤼순에서 빼서
봉천 방면의 만주군
주력에 합류시킵시다.

뤼순에는 입구에
바리케이드 쌓고
소수의 수비 병력으로
차단만 하면 충분할 것.

어차피 뤼순의 러시아군은
물자, 탄약 부족으로
뤼순 밖으로 기어 나올
가능성 0%니까.

아, 뤼순 낙성에 굳이 목맬 필요
없다는 부분에는 동의하지만,

해군으로서는 좀 더 확실하게
해두고 가야 할 부분이 있습니다.

공략 초기, 대고산 관측소를
통해 뤼순 서항을 시야에 두고,

해군 육상 포대로 서항의
러시아 함선들을 때릴 수
있었는데요.

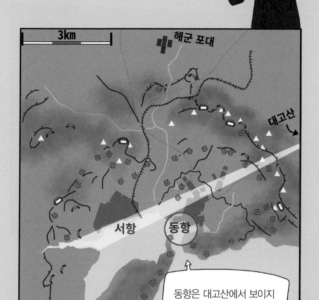

동항은 대고산에서 보이지
않는 사각지대란 말이죠.

그리 동항에 짱박힌
러시아 함선들의 상태가
어떤지 눈으로 확인하지를
못했단 말입니다.

첩자들의 첩보만 믿고 뤼순항
해상봉쇄를 풀 수는 없죠.

So, 뤼순 동항 관측이 가능한 언덕 중
최대한 빨리 공략 가능한 언덕-

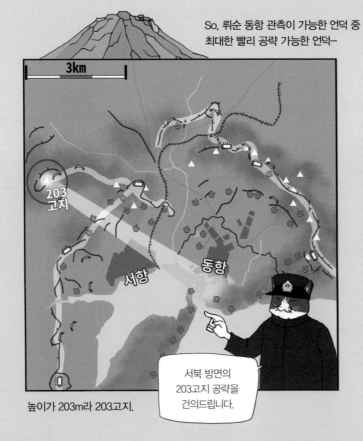

서북 방면의
203고지 공략을
건의드립니다.

높이가 203m라 203고지.

아니, 관측 목적이라면
그냥 하늘에 기구 띄워서
보면 되잖음?

사하 전투 때도
관측기구 사용했음.

그게, 뤼순 지역이
해륙풍이 심해서
기구 띄우기가 너무
빡셉니다.

발틱함대 도래를 대비해야 하는 해군으로서는 뤼순 앞바다의 연합함대 함선들을 최대한 빨리 요코스카로 귀항시켜서 창정비 들어가야 합니다.

요 8개월 여간 이런저런 포격전을 치르느라 함포들 수명이 다 되었는지라, 빨리 다 교체해야 하거든요.

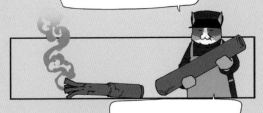

이 당시 함포의 실용 수명은 200발 정도였다고요.

그러니 뤼순 콘크리트 요새에 꼴박 그만하고 최대한 빨리 203고지나 점령해주시면 좋겠다는…

이의 있소이다!!

뤼순 현장의 우리 3군 처지에서는!!

이 시점에서 뤼순 전면 낙성을
포기한다는 건 받아들일 수 없소!!

뤼순 요새선의 중심!
2번 요새 함락이 이제
코앞인데!!

여지껏 온갖 개고생
다 하면서 딸피
만들어왔는데!!

이제 와서 포기하라는 건,
지금까지 헤딩해온 전우들의 죽음이
다 헛짓거리 개죽음 된다는 소리!!

결단코! 뤼순 전면 낙성만이 병사들의 마음을! 국민 여론을! 전쟁의 신을 납득시킬 유일한 길이외다!!

ㅇ지!!

만주군에서도 저 기조에 동조하는 분위기다…;;

아, 근데 사실 외무성도 뤼순 전면 낙성의 필요성을 제기하고 싶습니다만.

윙?

이 전쟁, 아무리 러시아를 두들겨 팬다고 한들─

와다다다다다!!!

우리가 원하는 와꾸로 전쟁을 끝내기는 쉽지 않습니다.

이리 팼으니, 내가 이겼지?

하, 가렵지도 않다.

독일과 미국은 이미 무승부 느낌의
강화 중재를 걸어오고 있고.

아름다운
전쟁했잖아~
한잔해~

싸우지 말고
ㅅㅅ해! ㅅㅅ!
(상생)

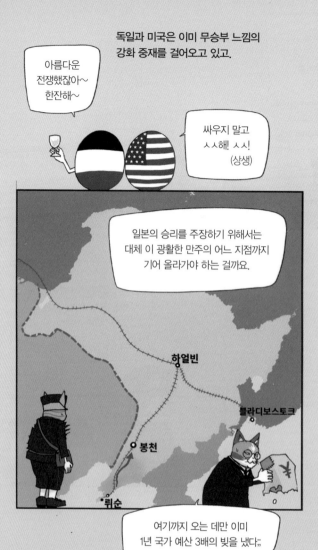

일본의 승리를 주장하기 위해서는
대체 이 광활한 만주의 어느 지점까지
기어 올라가야 하는 걸까요.

하얼빈

블라디보스토크

봉천

뤼순

여기까지 오는 데만 이미
1년 국가 예산 3배의 빚을 냈다;;

So,
아무래도 국제적 관점에서
승리를 주장하기 위해서는
러시아의 홍콩인 뤼순을
트로피로 확실히
취할 필요가 있습니다!

극동 러시아의
불알을 땄다!

11월 중순,
대본영 최종 합의.

뭐, 이런저런 의견을 취합해,
일단 주공을 203고지로 하면서
뤼순 낙성을 계속 진행하는 걸로
결론 내립니다.

3km

7사단

9사단

1사단

2번 요새

11사단

203고지

더불어 11월 11일,
지원 병력으로 7사단이
3군에 합류.

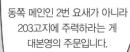

7사단장
오오사코 중장

동쪽 메인인 2번 요새가 아니라
203고지에 주력하라는 게
대본영의 주문입니다.

‥‥

노기 장군은
대본영의 주문을 씹는다.

…주공은 계속 2번 요새다.
203고지는 여태까지와
마찬가지로 계속
1사단이 맡는다.

여기까지의 희생을
매몰 비용으로
만들 순 없지요…

11월 26일,
2번 요새 공략을
주공으로 하는
3차 총공격 개시.

그간 공성포로
열심히 두들겨놨으니
실드 많이 빠졌겠지!!!

474

그리고 요 몇 달간 땅굴을 열심히 파놓았기에…

으에!! 고전적인 요새 공략법이다!!

요새선 밑 땅굴에서 터뜨린 다이너마이트로 요새 일부가 붕괴.

꽈릉

공세 당일 밤, 요새선 북측방으로는 특공 결사대인 백거대가 야습을 감행.

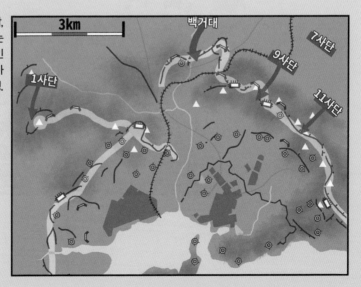

3km

백거대

7사단

9사단

1사단

11사단

지뢰 다 폭파!!
해군 기뢰도 싹 다
집어 던져라!!

러시아군의 필사적인 저항으로
2번 요새 방면의 공세가
지지부진한 가운데ㅡ

일진일퇴?

1사단의 203고지 공격은
몇 번씩 고지 정상의
깃발이 바뀌는
일진일퇴의 난전行.

일진은 일찍
퇴학당한다는 뜻이죠.

11월 30일, 러시아군의 포탄이
1사단 15연대의 어느 소대를 덮쳤고.

꽈광

…각하;;
203고지 공략 중에…

· · · · ·

…노기 야스스케 소위가
명예로운 전사를…;;

제33장

End of 뤼순

랴오양 만주군 사령부

뤼순을 어떻게든
빨리 해결하고,
3군을 이리 올라오게
해야 할 텐데…

빠른 해결은 고사하고,
뤼순에서 갈려나간
사상자가 5만 명을 넘어가는
형국이니;;

만주군 사령관
오야마 원수

참모장
고다마 대장

더구나 그 참상이
언론을 통해 온 천하에
까발려지고 있지요;;

국내 언론만이라면 어떻게
통제 가능할 텐데,
외신 특파원들이 몰려와
신나게 써제끼고 있으니;;

기관총 총구 앞으로
무지성 돌격은, 역시
일본인들이 아직
미개해서?

류순의 참상을
대충 인지한
국내 여론은
무시무시한
성토 분위기.

백성 병사들 목숨을
개똥으로 아는갑제!!

모니터 끄고 해도
킬뎃이 이렇게는
안 나오겠다!!

그런 분위기 속에서
반전주의도
솔솔 풍겨 올라오고.

시인 요사노 아키코

아아 동생아, 너 때문에 울고 있다.

그대여 죽지 말지어다

···부모님께서···
사람을 죽이다 죽으라고
24세까지 너를 기른 것이겠느냐.

···류순성이 함락되든 말든
그게 무슨 상관이겠느냐.

···임금님께서도 이 전쟁에
스스로 직접 나가지 않으셨다.

짐승처럼 죽고 죽이는 것을
명예롭다고는 임금님의
깊은 마음에서도 그리
여기지 않으실 것이다···

쟤가 그 '그대'야.

아, 누나, 진짜
좀···

(그 남동생, 실제로는 류순이
아니라 봉천 방면에 있었음)

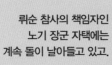

뤼순 참사의 책임자인
노기 장군 자택에는
계속 돌이 날아들고 있고.

전알못 트롤러
노기 장군 OUT!!

우리 아들
살려내라!!

그 와중에 노기 장군도
자식이라고 아들 둘 있는 거,
모두 뤼순에서 전사했으니…

큰아들은 몇 달 전 남산 전투에서.
작은아들은 이번에 203고지에서.

멘탈이 좀 많이
부서지지 않았을까?

뭐, 그래도,
덕분이라고 하긴 뭣하지만,
노기 장군에 대한 동정 여론도
꽤 조성된 모양입니다.

남의 자식들뿐 아니라
자기 자식들까지 몽땅 다
뤼순에 갈아 넣었다니;;

탓하기
좀 그렇네;;

So, 고다마 씨가 뤼순으로 가서 3군을 대리 지휘 해줘야겠네.

노기 멘탈 좀 다독이고, 3군 분위기도 좀 추스르고.

봉천

2군 4군 1군

랴오양

안산

잉커우

단둥

압록강

3군 다롄

뤼순

뭣보다, 빨리 뤼순을 어떻게든 후려내도록.

1904년 12월 1일, 고다마 참모장 뤼순 도착.

'상담역'으로 착임한 고다마가 실질적인 3군의 지휘를 맡게 된다.

…그리되었으니 마음 좀 추스르고 있게.

이 전투는 대본영 방침대로 진행하도록 합세, 응?

· · · · ·

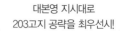

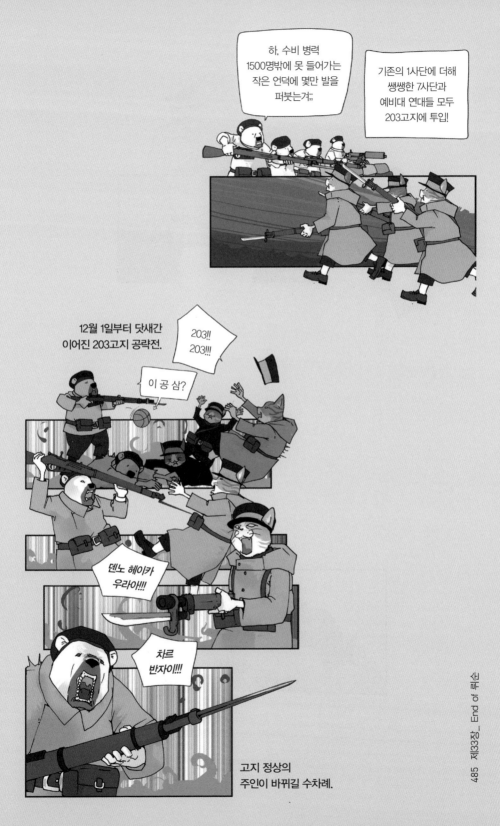

결국 닷새째,
러시아군 최후의 반격이 막히면서—

안 사요나라~!

1904년 12월 5일, 일본군이 203고지 점령.

이 닷새간의 고지전에서만
사상자 8천 명이 나왔다고;;

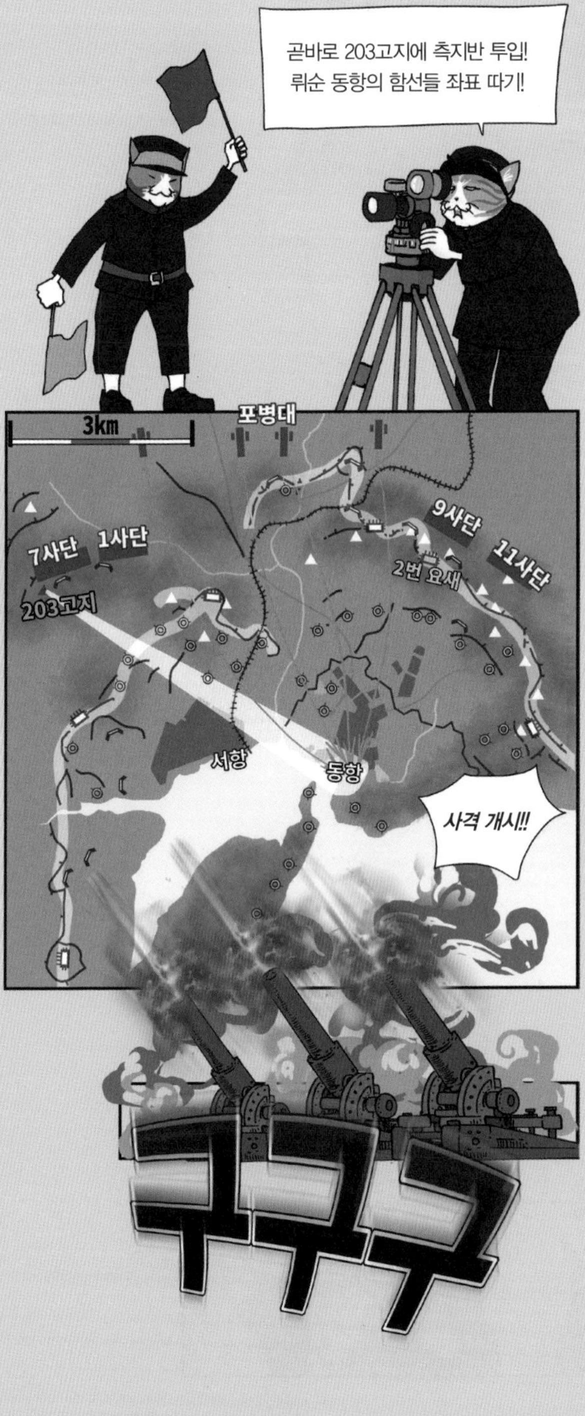
곧바로 203고지에 측지반 투입!
뤼순 동항의 함선들 좌표 따기!
포병대
3km
7사단
1사단
203고지
9사단
11사단
2번 요새
서항
동항
사격 개시!!
쿠구구

좌표 따인 러시아 함선들은
12월 5일부터 바로 시작된
포격으로 줄줄이 터져나가고.

전함 폴바타, 레트비잔 착제!!
페레스벳, 포베다 착제!!
세바스토폴 탈출 시도 실패!!

어, 이렇게 되었으니…
이제 슬슬 항복을 논의해야
할 것 같은데…;;

뤼순전구 총사령관 스테셀 중장

뤼순이 태평양함대
모항이라는 목적을 잃은 이상,
계속 수성을 이어나가는 건
무의미한 희생 아닐지…;;

무의미하다니요!!
우리가 버티는 덕분에
일본군 10만 명을 뤼순에
잡아두고 있는데!!

어; 음;; 물자도 슬슬
떨어져가고…

뤼순시 사령관
스미르노프 중장

담배도
오링났고;;

아니, 아직 물자 많이
남아 있거든요?!!?

요새선 지휘관
콘드라덴코 중장(진)

만주 특산 콩 포대가 아직
창고 반을 채우고 있고!

해군이 못 쓴 탄약도
아직 꽤 남아 있고!

도축한 말고기도
겨울이라 꽤 오래
보존할 수 있고!

아니, 지금 채소랑 과일 공급이
끊긴 지 오래라서 괴혈병이
난리라고요;;

병상에 부상병들보다
괴혈병 환자들이 더
많이 누워 있다고;;;;

찌찌, 콩으로 콩나물
만들어 먹으면
되었을 것을…

4사단장
포크 소장

그 이상한 콩 줄기
먹느니, 걍 죽겠소.

괴혈병은 날생선
먹으면 낳는다!!!

'낳'이 아니라 '낫'…
낳긴 뭘 낳아;
고래회충을 낳나;;

장병들에게 큰 영향력을 가진
콘드라덴코 장군의 반대로
항복 논의는 무산되었고.

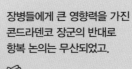

내 눈에 흙이
들어가기 전에는!
미개한 똥양인들에게
大러시아제국군이
항복하는 일은
절대 없을 것!!

이제 뤼순 점령을 목표로
그간 열심히 판 땅굴을
잘 활용해보더라고.

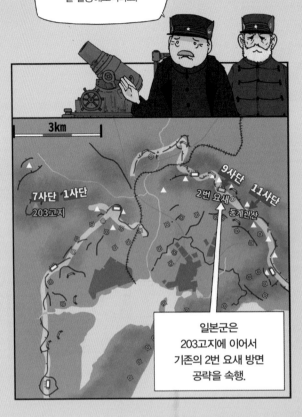

3km

7사단 1사단
203고지

9사단

11사단

2번 요새

동계관산

일본군은
203고지에 이어서
기존의 2번 요새 방면
공략을 속행.

이쪽 요새만 안 뚫리면
2030이든 만년삼이든
뤼순은 절대 안 떨어진다.

그래서 땅굴
열심히 팠시마스.

위!! 내 눈!!

12월 15일, 일본군이
동계관산 보루 아래
땅굴을 통해 보루 폭파.

이 폭발로
콘드라덴코 장군 전사.

꽈광

10...9...8...7...

6...5...4...

이어서, 그토록 무참하게 헤딩해왔던 2번 요새 또한─

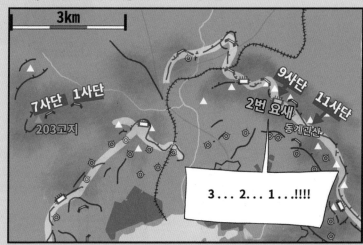

3km

7사단 1사단

203고지

9사단 11사단

2번 요새

동계관산

3...2...1...!!!!

HAPPY NEW YEAR!
1905 ~!!

ㄲㄲㄲ

1905년 1월 1일,
땅굴을 통해 폭파.

…이게 다 자네가 몇 달간
꾸준히 땅굴 굴착 작전을
이어온 덕분이야.

그간의 노력과
희생이 헛된 게
아니었어.

· · · · ·

하, 현관문 뚫렸으니
게임 끝난 거죠;;

2번 요새가 붕괴된 1월 1일,
스테셀 장군은 곧바로
항복 교섭 사절을 보낸다.

1905년 1월 5일,
뤼순의 러시아군이 정식으로 항복하면서
뤼순 공방전은 4개월 반 만에 종료된다.

주요 사건 및 인물

주요 사건

이재수의 난

조선이 프랑스와 1886년 〈한불수호조약〉을, 1899년 〈교민조약〉을 체결함에 따라 한반도에서 가톨릭 선교사들은 포교의 자유를 누리게 된다. 하지만 이 때문에 크고 작은 갈등이 야기되었으니, 기존 부락 공동체에서 배제된 조선인 입교자들이 가톨릭교회의 비호 아래 이런저런 문제를 일으킨 것. 빌린 돈을 갚지 않거나, 세금을 내지 않거나, 사소한 꼬투리를 잡아 비신도들을 관아에 신고하는 것은 예사고, 물리적인 폭력을 행사하기도 한다. 이러한 양상은 1899년 첫 성당이 건립된 제주도에서 심각하게 나타난다. 그러다가 1901년 2월 하논성당 건축을 둘러싸고 가톨릭 교인들과 비신도들 사이의 갈등이 폭발하고 만다. 교인들이 성당 건축을 앞장서 반대한 오신락을 잡아다가 조리돌리자, 그가 분을 참지 못하고 목숨을 끊은 것이다. 이에 좌수 오대현과 강우백, 관아의 통인(심부름꾼) 이재수가 5월 도민들을 모아 반가톨릭 민란을 일으킨다. 가톨릭교도들은 제주성에 모여 항전하지만, 얼마 못 가 성내 아녀자들이 봉기하며 성문이 열리고 만다. 제주성에 입성한 이재수 무리는 단 3일 만에 가톨릭교도 300여 명을 살해한다. 6월 10일 서울에서 보낸 관리와 병력이 제주도에 도착해 이재수와 주동자들을 체포하며 난은 막을 내린다. 프랑스인은 해를 당하지 않고, 당시 프랑스 정부가 정교분리를 내세운지라, 이 사건을 빌미로 프랑스가 한국을 옥죄거나 보복하는 일은 벌어지지 않는다.

영독동맹 논의

영국과 독일은 게르만족이라는 공동의 기원을 가지는 만큼, 기본적으로 우호적인 관계를 유지했다. 18~19세기에 영국과 독일의 영방국가인 하노버왕국은 함께 나폴레옹에 맞섰다. 이후 영국은 프로이센왕국이 프랑스와 전쟁을 벌이고 독일을 통일하는 과정에서 암암리에 지원을 아끼지 않았다. 물론 왕실 사이의 인적 교류도 꾸준히 이뤄졌다. 독일 통일 후에는 철혈재상 오토 폰 비스마르크(Otto von Bismarck)의 소극적인 대외 팽창 정책 덕분에 양국 간의 우호적인 관계가 계속해서 유지되었다. 하지만 빌헬름 2세가 황제로 즉위하며 상황이 달라진다. 그는 적극적인 대외 팽창 정책을 고집하며 끊임없이 영국을 자극하고, 건함 경쟁마저 촉발한다. 이처럼 긴장감이 고조되는 와중인 1901년 1월 빌헬름 2세의 외할머니인 빅토리아 영국 여왕이 사망한다. 이에 빌헬름 2세가 조문차 영국을 방문하고, 그가 보여준 예상 밖의 예의 바른 모습에 영·독 간의 긴장감이 잠시 누그러진다. 이를 기회 삼아 주영 독일 대사 대리인 헤르만 폰 엑카르트슈타인(Hermann von Eckardstein) 남작이 양국을 오가며 동맹 논의를 진전시킨다. 이때 영국은 양국의 동맹을 제안한 반면 독일은 오스트리아와 이탈리아까지 포함한 동맹을 제안하며 논의가 어그러진다. 만약 이때 영독동맹이 성사되었다면 러일전쟁뿐 아니라 제1, 2차 세계대전의 향방도 크게 달라졌을 것이다.

한국의 북간도 편입

의화단의 난을 빌미로 러시아가 만주 전역을 점령하고, 이에 한반도를 세력권으로 여기던 일본이 바짝 경계하던 20세기 벽두에 한국도 '대담한' 행보를 보인다. 바로 두만강 위쪽의 북간도 점령에 나선 것이다. 18세기 청은 조선과의 국경을 정비하며, 백두산 일대에서 두만강의 원류를 잘못 짚는 실수를 저지른다. 그 물줄기는 두만강이 아니라 만주 한가운데의 쑹화강으로 이어지게 되기에 이를 국경 삼는 경우, 북간도는 조선 땅이 된다. 조선은 당시부터 이 사실을 잘 알고 있었는데, 19세기 말에 이르러 청이 이빨 빠진 호랑이가 되자 이를 진지하게 거론하기 시작한다. 당시 북간도에는 이미 많은 한국인이 먹고살 땅을 찾아 들어와 살고 있었고, 러시아의 만주 침공으로 청의 행정·군사 체계가 붕괴한 상태였다. 이에 러·일의 충돌이 본격화되기 전에 깃발을 꽂는 것이 유리하다고 판단한 한국 정부는 북간도 편입을 추진해 1901년 경찰관들을, 1902년 행정 조사관들을 북간도에 파견한다. 1903년에는 고종의 최측근인 이용익의 지원을 받은 이범윤이 민병대를 이끌고 북간도 전역을 점령하는 데 성공한다.

러·일 간 만주 문제 최종 협상

러시아가 만주를 장악하자, 일본은 러시아의 남진에 위협을 느끼고 자신들의 한반도 지배력 약화를 우려한다. 반대로 러시아는 일본의 한반도 지배가 러시아의 극동 패권 수립에 장애물이 되리라 여긴다. 그리하여 러·일은 만주와 한반도를 놓고 협상을 벌이게 된다. 1903년 8월 일본은 만주는 러시아가, 한반도는 일본이 차지하는 만·한 교환안을 내놓는다. 이에 대해 10월 러시아는 한반도의 39도선 이북 지역을 중립 비무장지대로 설정하는 안으로 대꾸한다. 일본은 당연히 이를 거부하고, 압록강과 두만강을 기준으로 폭 50킬로미터의 중립 비무장지대 설정 안을 제시한다. 이 안을 러시아가 적극적으로 수용하지 않자 1904년 2월 일본은 천황이 배석한 어전회의에서 전쟁을 결정하고, 선전포고 없이 군사작전에 돌입한다.

〈한일의정서〉와 〈제1차 한일협약〉 체결

일본은 먼저 부산과 인천에 군대를 상륙시켜 한국을 점령한다. 한국의 친러파는 모두 실각하고 친일파가 국정을 장악, 1904년 2월 〈한일의정서〉가 체결된다. 이는 공수동맹을 강요한 것으로, 한국은 영토 이용권 등을 내주며 일본의 전쟁 수행에 협조해야 하고, 타국과 〈한일의정서〉에 반하는 조약을 체결할 수 없다는 내용이 포함되었다. 당시 국제사회는 이를 일본에 의한 한국의 보호국화 수순으로 이해한다. 이렇게 한국을 완전히 수중에 넣은 일본은 만주로 진군한다. 이후 8월에는 〈한일의정서〉에서 한 단계 업그레이드된 〈제1차 한일협약〉이 체결된다. 정부 각 부처에 외국인 고문을 두고, 중대사는 고문의 심의와 승인을 받도록 한 이 협약을 통해, 이른바 고문정치가 시작된다.

주요 인물

이홍장 李鴻章

의화단 사태로 수도 베이징이 지옥을 향해 돌진할 때, 이홍장은 동남쪽 10개 성의 중립동맹인 동남호보를 이끌며 열강에 협력했다. 이후 8국 연합군이 의화단을 제압하고 베이징을 점령하자, 서태후는 이홍장에게 열강과의 교섭에 나설 것을 명한다. 당시 동남호보에 속한 광저우와 상하이에서는 아예 새로운 정권을 세우자는 움직임이 활발했으나, 이홍장은 열강이 청을 완전히 멸하지 않으리라는 계산하에 서태후의 명을 받든다. 1900년 10월 교섭 테이블에 앉은 이홍장은 어떻게든 청의 명운을 지켜내고자 애쓰는데, 열강의 복잡한 이해관계를 역으로 이용해 영토 할양을 막아낸 대신 막대한 양의 배상금을 지불하는 것으로 교섭을 마무리한다. 11개월에 걸친 교섭 끝에 1901년 9월 《신축조약》에 서명한 이홍장은 기력을 모두 소진하고, 2달 후인 11월 숨을 거둔다. 사후 이홍장을 매국노라 욕하는 세평이 넘쳐나는 와중에 강유위의 제자 양계초(梁啓超)가 그의 생전 공과를 객관적으로 평가한 《이홍장 평전》을 출간한다.

알렉산드르 미하일로비치 베조브라조프 Aleksandr Mikhailovich Bezobrazov

니콜라이 2세의 총애를 받아 러시아의 극동 외교에 큰 영향을 미친 러시아의 사업가이자 정치가다. 하급 귀족 가문 출신으로, 기병대에서 근무하다가 근왕파 결사인 신성 친위대에 합류하며 정치에 입문한다. 1896년 일본과의 전쟁이 필요하다고 강력히 주장하는 청원서를 올려 황제의 눈에 띈다. 화려한 언변으로 황제의 마음을 사로잡으며 극동 외교를 좌우하게 된 베조브라조프는 만주와 한반도에서 러시아의 영향력을 키울 목적으로 1901년 '압록강 목재회사'를 출범시킨다. 이후 임업 활동으로 위장한 채 압록강을 따라 다수의 군사 거점을 구축한다. 한편 1902년 영일동맹이 맺어지며 긴장감이 고조되자, 베조브라조프의 정세 판단은 더더욱 힘을 얻는다. 하지만 1903년 들어 일본의 군사력이 예상보다 뛰어난 수준임을 알게 된 러시아 정부는 만주 문제의 최종 협상을 앞두고 상황 관리를 위해 수위 조절에 나선다. 이로써 베조브라조프는 실각하고, 러일전쟁이 실제로 발발하자 사업마저 몽땅 망해버린다.

시어도어 루스벨트 Theodore Roosevelt

미국의 제26대 대통령이다. 1882년 뉴욕 주의회 하원의원으로 당선되며 정치계에 발을 들인 루스벨트는 여러 요직을 거친 끝에 1901년 3월 미국의 제25대 부통령이 된다. 그러다가 6개월 만인 9월, 당시 대통령이었던 윌리엄 매킨리(William McKinley)가 암살당하며 대통령의 자리에 오른다. 루스벨트는 대외 정책에서 미국의 적극적 역할과 세력 팽창을 추구한다. 그는 '루스벨트 계론'을 통해 기존의 먼로 독트린이 표방했던 유럽 열강과의 상호 불간섭주의 대신, 미국이 제국주의 열강 게임에 적극적으로 참여해야 함을 주장한다. 그러한 의도로 대백색함대를 창설하고, 1907년부터 2년간 세계를 일주시키며 미국의 국력을 과시한다. 또한 태평양 전략에서는 유럽 열강을 견제할 장기짝으로 일본에 호의적인 태도를 보이는데, 여기에는 일본 문화에 대한 루스벨트 본인의 호감도 작용한 측면이 있다. 미국은 러일전쟁 국면에서 일본 국채를 대거 매입하는 등 사실상 일본 편을 들고, 전후 가쓰라태프트밀약을 통해 일본의 한반도 지배를 인정한다.

이지용 李址鎔

흥선대원군의 형인 흥인군(興寅君)의 손자로, 구한말의 친일파다. 1887년 문과에 급제하고, 1895년 칙명을 받아 일본을 유람한 후, 두루 요직을 거치다가 1901년 주일 공사에 임명된다. 이후 1903년에 다시 주일 공사를 맡으며 주한 일본 공사 하야시의 한·일 밀약론에 동조, 러·일 대립 국면에서 일본과 보조를 맞출 것을 주장한다. 일본군이 한반도에 상륙한 1904년 2월에 외부대신으로서 〈한일의정서〉에 서명한다. 이후 러일전쟁이 일본의 승리로 끝난 1905년 〈을사조약〉에 동조하며 을사오적의 1명으로 이름을 올린다. 1910년 〈한일병합조약〉 체결 후에는 조선귀족 백작 작위를 받고 조선총독부 중추원 고문으로 임명된다. 이지용의 부인은 일본 고관들과 숱한 염문을 뿌려 구설수에 오르고, 이지용은 매국 하사금의 상당 부분을 도박으로 탕진한다. 1928년 임종 때 "일본에 속았다"라고 유언을 남겼다는 이야기가 전해진다. 이지용이 후손들에게 남긴 재산은 2007년 친일반민족행위자 재산으로 판정되어 국가에 귀속된다.

현상건 玄尙健

명망 높은 역관 가문 자제로 불어, 영어, 노어에 능해 고종의 밀사로 활약한다. 1888년 14세의 나이로 관직을 받은 현상건은 1899년 궁내부 고문관 W. F. 샌즈의 통역관이 된다. 자연스레 고종의 눈에 띈 그는 우수한 외국어 실력과 뛰어난 정무 감각으로 총애를 받는다. 곧 열강과의 각종 비밀 외교를 수행하게 되고, 러일전쟁을 코앞에 둔 1903년 10월에는 고종의 밀사로 유럽 각국을 돌며 한국 중립화에 대한 의견을 묻는다. 서울이 일본군에 점령된 1904년 2월 상하이로 도주, 이후 고종의 러시아 망명을 추진한다. 국권 피탈 후에는 독립운동에 매진하나, 공화국을 표방한 상하이 임시정부와는 근왕파로서 뜻을 함께하지 못한다. 1926년 상하이에서 사망, 1995년 건국훈장 애국장이 추서된다.

노기 마레스케 乃木希典

막부 말의 유신 동란기부터 러일전쟁까지의 메이지 시대 전쟁사를 대표하는 군인이다. 조슈의 지번인 초후번 번사 출신으로, 10대 때 제2차 조슈 정벌 전쟁에 조슈군으로 참전, 무진전쟁을 거쳐 22세가 된 1872년 육군 소령으로 임관한다. 1876년 14연대를 이끌고 후쿠오카 아키즈키에서 벌어진 사족 반란을 진압하나, 동년 조슈에서 터진 하기의 난 진압 작전에는 친동생이 반란군에 가담한 탓에 적극적으로 참여하지 못한다. 참고로 해당 진압 작전은 히로시마 진대 사령관인 미우라 고로(三浦梧樓)가 완수한다. 1877년 서남전쟁을 맞아 14연대를 이끌고 출정하나 우에키 전투에서 사쓰마군에 패배, 연대기를 빼앗기는 굴욕을 당해 할복을 시도한다. 이후 최전선에서 진두지휘하다가 왼발에 중상을 입고 후송된다. 1887년부터 1년 반 동안의 독일 유학으로 독일의 군사 철학을 체득한다. 1894년 청일전쟁 때는 1여단을 지휘해 각지에서 전공을 세우고, 뤼순 요새 낙성의 선봉에 선다. 1895년 대만 정복 전쟁에 2사단을 이끌고 참전, 1896년 대만 총독에 임명되어 1898년까지 봉직한다. 의화단 사태 때 중국에서 약탈한 은을 육군 내부에서 빼돌렸다는 '마제은(馬蹄銀) 사건'에 부하가 연루됨에 따라 1901년 휴직, 칩거한다. 1904년 러일전쟁 개전과 함께 복직, 5월에 육군 대장 승진과 함께 3군 사령관에 임명된다. 전선 도착 직전, 큰아들이 남산 전투에서 전사하고, 이어지는 뤼순 공방전에서 작은 아들도 전사한다.

노기의 요새 정공법으로 엄청난 피해가 발생하자, 만주군 사령부는 12월 고다마 겐타로 참모장을 보내 뤼순 공략의 마무리를 조력하도록 한다. 1905년 1월 뤼순은 결국 함락되고, 노기의 3군은 봉천 방면으로 북상한다. 3월 봉천 회전에서 3군은 결정적 역할을 맡아 승전의 주역이 된다. 러일전쟁 종전 후 귀국한 노기는 피해에 책임을 지고 메이지 천황에게 사죄 할복을 주청하지만, 천황은 이를 불허한다. 이후 학습원 원장에 임명되어 훗날 제위에 오르는 히로히토 등의 학업을 지도한다. 1912년 메이지 천황의 장례식 직후 부인과 함께 동반 자결로 생을 마감한다.